# イップス

## ―スポーツ選手を悩ます謎の症状に挑む

●内田 直 監修 ●石原 心 著

大修館書店

# 監修のことば

著者の石原心君は、早稲田大学スポーツ科学部の第一期生です。このとき、私も当時勤務していた東京都の研究所から早稲田大学に仕事を変わりました。2003年のことです。私自身は、もともと医学研究畑の人間で、大学教育はまだ始めたばかりでしたので、教育者としてはまだまだだったと思います。

ゼミは二年生から始まりますので、翌年に私のゼミに石原君が入ってきました。彼は、その頃準硬式野球部に所属していました。準硬式野球というものがどういうものかは私はよく知りませんでしたが、非常に真面目に野球をやってきた学生であることは、はじめに会ったときからよくわかりました。また彼とは、実は保育園の先輩後輩だったことが判明しました。彼は、群馬県伊勢崎市の出身なのですが、私も父の仕事の関係で幼い頃伊勢崎市に住んでいて、行っていた保育園の名前を出したところ、彼もそこに行っていたというのです。そんなこともあって、彼にはとても親しみを感じてもいます。

卒業論文のテーマを決めようとする時期になって、石原君から「イップス」をテーマにして卒業論文を書きたいという希望がありました。イップスについては知っていましたが、そのケースを集めることは難しいだろうと思い、実際にどのようなことをするのかという相談をしました。彼は、自分自身がイップスを経験していること、さらには、イップスは細かい筋を使うコントロールの必要な動作に伴って出現してくること、また同じボールを投げるスポーツ種目でも、ボールが大きくなればイップスが少なくなるであろうことなどを熱心に話しました。彼自身、その時点ですでに私よりもイップスの専門家であったように思います。この調査の結果は、イップス経験がある人は、野球44%、ソフトボール10%、ハンドボール0%で、彼の予想通り、ボールが大きくなればイップスの経験が少なくなることを証明しています。この研究は、学部の学生が卒業論文として行う研究としては非常に質の高いものだと思いました。方法はアンケート調査なのですが、その意図が非常にしっかりとした仮説に基づいており、結果は彼の仮説をまさに証明するものとなりました。

その後、彼はさらに専門学校に通い、国家資格である鍼灸師／あん摩マッサージ指圧師および米国公認ストレングス＆コンディショニングスペシャリストの資格をとっています。一方で、自分で競技を続けてきた野球に対する情熱も忘れず、ＷＢＣキューバチームのサポートもしています。

そして、この間、彼が卒業論文としたイップスの研究も継続しています。その研究は、自分の経験を土台にした実践に基づいており、非常に高く評価できるものだと思っています。「イップスは細かい筋を使うコントロールの必要な動作に伴って出現してくること」をさらに研究し、ではそのような状態をどのように治療していくのがよいのかということについて、継続的に探求しています。そして、そのなかで試行錯誤を経て、良い治療成績をあげるまでに至っているのです。

彼のこの著書は、これまでの彼の研究の一つのマイルストーンであると思います。イップスは、まだまだよくわかっていない疾患です。米国での研究結果は、必ずしも精神的な不安だけに起因するものではない（3章末のコラム参照）とされていますが、こういった状態に彼のような理論的な行動療法を行うことは、非常に理にかなっていると思います。

日本においては本当に初めての、理論に則ったイップス治療に関する書物として、石原心君のこの本を自信をもって推薦いたします。

２０１６年12月

内田　直

石原心君の卒業論文の要旨は、インターネット上で読むことができます。
http://www.waseda.jp/sports/supoka/research/sotsuron2006/1K03A016-5.pdf

# はじめに

私が「イップス」という言葉に出会ったのは、大学入学後のことですが、イップスの症状に出会ったのは、実は高校球児のときでした。つまり、冒頭よりカミングアウトさせていただきますが、私自身、高校時代にイップスに悩んでいたのです。私が高校生の頃、まだ「イップス」という言葉が普及していなかったのか、私が無知であったのかは定かではありませんが、自分の体に確実に起こっている不具合に病名のラベルを貼ることができませんでした。

私に起こったのは、近すぎる距離と、遠すぎる距離は投げられるのですが、いわゆる「微妙な距離」を投げることができない典型的な「イップス」でした。当然、誰にも理解されませんでしたし、むしろ悟られないよう必死でした。最後の夏の大会では、なんとかマウンドに立つことはできました。しかし、緊迫した同点の最終回、相手打者が一塁側にバントをしたときに、捕球した位置から、送球する一塁までが、その「微妙な距離」で、上から投げることができず、一塁まで走り、ファーストの選手にボールを下からほぼ「手渡し」

に近い形で送球したのを、今でも鮮明に覚えています。その試合はテレビ中継されていましたが、解説の方が「石原君、非常に落ち着いていますね。大事に打球を処理しました」とコメントされていたのを試合後に知りました。しかしもちろん事実は正反対で、石原君は、非常に慌てふためき、死に物狂いで一塁に走っていたのです。

当時は本当に辛い日々でしたが、むしろ今はイップスになれたことに、心の底から感謝をしています。それはイップスのこと自体が好きになったわけでも、「イップスによって成長させてもらった」「イップスを乗り越える力が、私を成長させてくれた」などという精神論でもありません。イップスは本当に厄介で、イップスになること自体に、メリットはないと経験者である私は今でも強く思っています。

私は自らがイップスになったことで、その独特な「感覚」を手に入れたことに対して大きな感謝をしています。これは、イップスを理解し、選手を治療していく上で大きな武器になりました。イップスは、周囲から見たらいつも通りプレーできているように見える程度の軽度なものから、明らかにプレーできていないとわかる重度なものまで幅広い症状が見られます。

なかでも軽度のものは、本人にしかその「形容しがたい症状」は理解できないことが多いのです。だからこそ、こんなにも医学やスポーツ科学が発展するなかで、確たる治療法が確立されていないのかもしれません。

私は、自らが経験し、感覚を手に入れたことで、その形容しがたい症状に対して、心から「うなずく」ことができます。私の高校時代の症状と、「イップス」という言葉が、大学でスポーツ科学の知識を増やすことで繋がってからというもの、とにかく毎日のように高校時代の自分自身に、うなずきました。その感覚が自らの手のひらにかすかに残っていたからこそ、治療プロセスのひらめきがあったのは紛れもない事実です。

今、この本を手にとって下さっている方は、少なからず何かしら、誰かしらからイップスの情報を目や耳にして、思い当たる節をおもちなのではないかとお察しします。もしくは大切な人が悩んでいて、解決してあげたいとお考えの方であるかもしれません。私が高校生の頃と比較すると、イップスの情報は、溢れ返っています。イップスはどのような症状が起こるのかは、比較的整理された情報も多く見受けられます。

しかし、いざイップスになったとき、どうしたらよいか？ どこに行って治せばよいのか？ という情報は、非常に混沌としていることも、感じていらっしゃることと思います。

私は、この本をきっかけにイップスが、捻挫や骨折などの多くのスポーツ傷害と同じように、発症を「受け止める」ことから治療を行う機会まで、見通しの立つプロセスをもったものになることを願っています。

そのためには、多くの医学、スポーツ科学に携わる方々の厳しくも真剣な眼差しが、イップスに向く必要性を、切に感じております。これまで「腫れ物に触るよう」に扱われていたイップスが、実際の腫れ物に対して施されるアイシングのように、粛々と処置される光景が当たり前になる日。これを何よりも待ちわびているのは、何を隠そう高校球児だった頃の、私かもしれません。

なお、学生時代はもとより、大学卒業後から現在に至るまでご指導いただき、今回ご監修をして下さった内田直先生のお力なくして、この本は存在しませんでした。

また、現場での研究が主な活動であった私に、学術研究分野の情報提供や、内容の相談等において、現在長崎大学に所属し、理学療法士でもある吉岡潔志氏の多大なる協力がありました。吉岡氏とは大学の同期という間柄ですが、彼のような優秀な研究者が隣にいてくれてこそ書き上げられたものであると思っています。

石原　心

2016年12月

# 目次

## 第1章 イップスの起こり方

## 第2章　イップスの症状を知る……39

## 第4章 ゴルフと野球のイップスは基本的に同じ……105



## 付録 イップス・リサーチシート……126

# 第1章

# イップスの起こり方

## ■まず、私たちのイップスのイメージを「統一」しましょう

「イップス」と聞いて、どのようなことを想像しますか？

［野球の例］
・わずかな距離の送球なのに、ボールを地面に叩き付けて投げてしまう。
・急に動きがぎこちなくなり、簡単な打球処理なのにエラーしてしまう。
［ゴルフの例］
・身体が縮こまって、いつも通りのスイングができなくなってしまう。
・非常に簡単なパターなのに、極端に強く、あるいは弱く打ってしまう。

イップスのイメージは、最も代表的なところで、こんなものでしょう。実際に、私がこれまでお会いしてきた、野球あるいはゴルフでイップスになってしまった選手や、その周囲の方々から相談を受けたケースの症状も、概ねこの辺りに集約されるかと思います（もちろん競技や環境、個人によって症状の違いがあることはお断りしておきます）。

いまいちイメージが掴みにくいイップス。実はみなさまだけでなく、われわれ現場や研究者の間でも、未だ疑問点が多いというのが正直なところです。原因や治療法の研究も、進んでいるとは言えない状況なのです。

イップスの定義や症状などは、後ほど詳しく説明させていただきますが、ここでは次のように考えていただくと、わかりやすいかと思います。

## 「イップスとは、何も考えずにできていた動作ができなくなってしまうこと」

冒頭で挙げたように様々な場面や状況で、形を変えて顔を出してくるのです。イップスは「こういう症状」というわかりやすい形をもたないため、イップスを起こしてしまっているのか、そうではないのかという判断が非常に難しいものなのです。

この本は、イップスのことについてわかっていることを、ただ難しく書き連ねるのではなく、可能な限り読んで下さっている方々に『うなずいていただくこと』を大きな目的の一つとしています。そこで、イップスをより身近にイメージしていただくために、まずはイップスの起こり方から見ていきたいと思います。よくある『イップスストーリー』として、高校球児の久葉好男《きゅうばよしお》君編と、好男君のお父さんである会社員ゴルファー久葉課長編をご紹介させていただきます。

## ■高校球児、久葉好男君

とある夏の、とある高校の野球グラウンド。この春入学したばかりの久葉好男君、高校一年生は、この日もグラウンドで汗を流していました。

この高校は、学校をあげてスポーツに力を入れており、野球部も県内でも毎年優勝争い常連の強豪校です。監督も熱血漢、部内の上下関係も厳しいと有名です。好男君は、中学時代に地区の選抜チームにも選ばれたほどの選手で、ポジションはピッチャー。強打者相手にも臆することなく、ここ一番のピンチを切り抜ける『メンタルが強い選手』と評判で、県内外から集められた30人ほどのスポーツ推薦の新入生のなかでも、好男君は一目置かれた存在です。

1週間後に控えた夏の甲子園予選大会でも、好男君は、一年生で唯一ベンチ入りをする

**好男君は、とある強豪校野球部の一年生。周りからも期待される好投手。**

のではないかと言われていました。好男君の性格はというと、同級生のなかでも、ムードメーカー的な存在で、いつも輪の中心にいます。
　好男君は、正確なコントロールと、140キロ近い速球が特徴で、上級生が中心に試合に出ているなかでも、大事な場面ではたびたび出場し、結果を残していました。登板前、監督にはいつも「一年生らしく、ミスを恐れず、全力でぶつかってこい」と背中を押され、結果を残してきました。そんな好男君は、上級生を含めたチームメイトのなかでも「あいつに任せておけば、何とかなる」という厚い信頼を、一年生にして掴み始めていたのです。

## ■イップスストーリーは突然に

そんな順調そのものな野球人生を送っていた好男君に、大きな転機が訪れました。

その日は、大会のベンチ入りメンバーが決まる大事な紅白戦があり、ベンチ入りをかけ、先輩たちはいつも以上に気合いが入っていました。紅白戦前のフリーバッティングという練習に、好男君は登板することになりました。

好男君の高校のフリーバッティングでは、ピッチャーは通常のマウンドからホームベースまでよりも少し近いところから、バッターの打ちやすいボールを投げています。コントロールが良い好男君は、これまでも何度もバッティングピッチャーを任されていて、よい働きをしていました。先輩たちは、好男君の球を打って、紅白戦に向けてよい調整をしようと、気合い十分です。好男君はこの日も体調は万全で、ウォーミングアップのキャッチボールを行い、定位置につきました。いつもの場所、いつもの体調。唯一いつもと違ったのは、大事な大会を控えた、先輩たちの並々ならぬ気合いだけでした。
一人目のバッターは、三年生でキャプテンの保瀬《ほせ》先輩で、チームの中心選手です。キャプテンがバッドを肩に担ぎ、「お願いします」と、好男君に一礼。その視線から、これから始まる大会にかける想いをひしひしと感じました。
その瞬間、好男君に、いつもと違う何かの大きなスイッチが入りました。

**「今ここで、俺が打ちづらい球を投げたり、デッドボールを当てて怪我をさせたりしてしまったら、大変なことになるな」**

今までにない意識でした。キャッチャーの構えるミットをじっと見つめ、

**「大丈夫。遅めの球でいいんだし、あそこに向かって腕を丁寧に振ればいいんだ」**

と自分に言い聞かせて投げた球は、好男君の狙ったキャッチャーミットとは正反対、キャプテンの胸元を通過し、キャッチャーも捕れずに後ろのネットに突き刺さりました。普段

大事なバッティングピッチャーの役割。もう失敗できない。

温厚なキャプテンが、好男君を「ぐっ」と睨みつけました。

その瞬間、好男君にまた一つ大きなスイッチが入りました。

**「もう失敗できない」**

好男君は、キャプテンに帽子を取って謝り、その場で二度、三度とリリースポイントを確認し、「ここで離せばいいんだ」と1球目よりもさらに強く自分に言い聞かせながら2球目を投げました。しかしその投球は、好男君の2メートルくらい先、目の前に叩き付けられました。その後も、上に抜ける、下に叩き付ける、を繰り返し、とうとう監督が投手の交代を命じました。

好男君は、自分でも何が起きたのかわからず、仲の良い同級生を相手にグラウンドの端の投球練習場で、何度も繰り返し全力投球を行いました。そこではいつも通りに投げることができたので、「何だ、少し気合いが空回りしすぎただけみたいだな」と一安心しました。

翌日、前日と同じようにバッティングピッチャーを任された好男君は、監督を始め、キャプテンや他の先輩選手からも冗談まじりに「今日は頼むぞ」と声を掛けられました。前日と同じように先輩打者に対して投球を始めたところ、また同じようにストライクが入りません。それどころか、制球しようとすればするほど、上に下にボールが散らばってしまい、またしても監督から交代を命じられてしまったのです。

いよいよ「何かがおかしい」と考え、大会のメンバー入りに向けて、ブルペンで同級生にキャッチャーをやってもらい投球練習を行いました。そのときには調子が戻りますが、いざ全体練習に入ると、思うように投げることができません。こんな調子のまま、とうとうベンチ入り選手の発表の日を迎えました。

不安は的中し、好男君はベンチ入りメンバーから外れてしまったのです。チームメイトからは、「好男、メンタルが弱いんじゃないか」などと言われ、日に日に、全体練習でボールを投げること自体が怖くなり、「肩が痛い」と監督に伝え、次第に練習にも参加しなくなりました。両親にも相談した結果、野球から少し距離を置くために、しばらく部活動を休むことになりました。

これは、とある高校の、とある選手の話です。しかし、実は全く架空の話ではなく、実話をもとにしています。今この本を読んでいただいている方のなかには、何かしら思い当たる節、もしくは大切な人に似通ったものを感じられた方も、少なくないのではないかと思います。

## ■あるゴルファーの一日

久葉好男君が野球のイップスに苦しみ、相談を受けたご両親はイップスという言葉自体が初耳で、どのように対処すればよいのか悩んでいました。特にお父さんは、週末に息子の試合観戦を楽しみにしていたため、息子に降り掛かっている正体不明のイップスを理解しようと、インターネットなどで情報を集めますが、なかなか答えが出ずに困っていまし

**久葉課長は好男君のお父さん。ゴルフは会社内でも評判の腕前。**

た。

好男君のお父さんは、葉巻やコーヒーなどを輸入販売する葉《は》花《ばな》商事営業部の課長さんです。仕事の関係でゴルフのコンペに出場する機会も多く、社内でも評判の腕前です。ベストスコアは、「73」で、仕事帰りには頻繁に打ちっぱなしに通う、熱の入れようです。

明日は、会社の重役たちを含めた会社の大規模なゴルフのコンペがあり、いいスコアを出そうと、いつも以上に気合いが入っていました。コンペ前日、恒例の打ちっぱなしでは、入念にドライバー、アイアン、パターの感覚を確認し、どうやら調子も良いようです。

しかし、久葉課長はそのコンペで、息子と同じ「イップス」を起こしてしまうことになるとは、夢にも思っていませんでした。

## 久葉課長がイップスになるまで

コンペ当日。

天候も良く、昨晩は興奮気味で寝入りが遅くなり、少し寝不足気味ではありますが、体調は万全です。

最初の1打であるドライバーも、力強いフルスイングでフェアウェイ中央に乗せ、重役、同僚からも「やはり久葉は、いいショットを打つな」と称賛の声があがっていました。第2打のアイアンでのアプローチもグリーン中央にピタリと付けて、パターも難なく決め、パー4の第1ホールは幸先よくバーディーでした。

「今日は調子が良さそうだな」。久葉課長は、その後も順調にスコアを伸ばし、18番最終ホールで、2位の経理部毛原《げばら》部長に、3打差を付けてトップに立っていました。

最終ホール1打目。

久葉課長は、ドライバー、アイアンと順調にショットを重ね、グリーン上で、5メートルほどのパーパットのアドレスに入りました。これをいつも通りに決めれば、後に控える、かつては直属の上司だった毛原部長との差を考えても、優勝はほぼ確実なものになります。

周囲で見守るギャラリーからは、「今年も久葉課長の優勝だな」「さすがにこのパターを久葉課長が外すわけがないよな」と、久葉課長の勝利を確信する声が聞こえてきました。

久葉課長本人も、「こんな簡単なパターを外すわけはない」と確信していました。現に久葉課長はパターが得意で、この日のコースでも、同じような距離のパターを何度も成功させています。


**「いつも通りに打てばいいんだな」**

**「これを入れたら優勝か」**

**「これを入れさえすれば勝てる」**

この一打にすべてが掛かっている！

次の瞬間、周囲の『入れて当たり前』の視線に、久葉課長の心の声の傾向が変化してきました。

「もしこれを入れなかったらどうなるかな」

「この一打にすべてがかかっている」

「毛原部長に追いつかれてしまうかもしれない」

「絶対に失敗できないから慎重に身体を動かさないと」

「いつもどんな力加減で打っていたかな」

**「あれ、身体が動かない」**

久葉課長がこのような葛藤をしていることは、ギャラリーが知るはずもなく、早く打つようせかされ、久葉課長は『なんとか』パターを打ちましたが、ボールはホール（カップ）までの軌道を外れながら、大きくオーバーしてしまいました。

「どうしたんだい、久葉課長？」「手元が狂っただけですよね、次は久葉課長なら決めますよ」。周囲の声同様、久葉課長も今回のパットの失敗を楽観的に捉えていました。

**「次は決められるに決まっている」**

自分に言い聞かせ、改めてパターのアドレスに入りました。しかし、やはり前回と同様、いつも通り身体をコントロールすることができず、今度はホールよりもずいぶん手前でボールが止まってしまいました。

結局久葉課長は、その後も二度の失敗をしてしまい、大きくスコアを崩し、毛原部長とスコアが並んでしまいました。

一方、これまで真剣勝負のつもりだった毛原部長は、久葉課長がかつての上司であった自分に遠慮しているのだと思い、機嫌は良くなさそうです。

「おい、久葉。もういいから早く決めろ」。そう毛原部長にせかされ、久葉課長は急いでアドレスに入ります。しかし、『このパターは絶対に外してはいけない』と思うと、脚の位置はどうだったか、フォロースルーのスピードはどうだったか、といった今まで当たり前にできたことを意識しすぎてしまい、これまでどうやってパターを打っていたのかわからなくなってしまいました。

この久葉課長が経験した状態こそまさに、ゴルフのイップスの典型例の一つなのです。

## ■好男君にカウンセリングをする

話は、高校球児の久葉好男君に戻ります。

ここで、練習に参加することが億劫になり、肩が痛いという理由をつくり、練習を休んでいる好男君にカウンセリングを行うことで、あの日、好男君がどんなことを考え、どんな状態であったかなどを把握してみたいと思います。

どこでボールを離したらよいのか、まったくわからなくなってしまって……。

**石原**：「あの日の体の状態はどうでしたか？」

**好男①**：「いつも通りでした。痛いところもなく、疲れていたということも特になかったです」

**石原**：「最初に、先輩に当たりそうな球を投げてしまったときの話を聞かせてもらえますか？」

**好男②**：「大会前だったということもあり、先輩に怪我をさせてはいけない、という意識から、いつも以上にコントロールミスをしてはいけないと思い、腕の振りを意識したのを覚えています」

**石原**：「そのようにいつも以上に意識した状態で、大きく上に逸れた投球をしてしまったわけですが、実際に投げたときの体の感覚はどんな感じでしたか？」

**好男③**：「なんだか力が入りすぎているような、力が全く入らないような、よくわからない状態でした。どこでボールを離したらよいのかが、全くわからなくなってしまっていた感覚でした」

**石原**：「その後、同級生とブルペンで練習をしていたとき、全力投球ですごくいい球を投げていたようですが、そのときは、どうでしたか？」

**好男④**：「あのときは、いつもキャッチボールの相手をしている同級生だったので、安心して全力で投げることができました。コントロールも良かったです」

**石原**：「自分で色々調べてみて、イップスなのではないか、と思ったようですが、仲のいいチームメイトにも打ち明けないのはなぜですか?」

**好男⑤**：「僕は、中学のときから、メンタルが強いと言われてきて、一応結果を残してきた自信もあります。でも普段はいじられキャラなので、ボールを叩き付けてしまったり、上に抜けてしまっているのを見て、みんながチキンとかメンタル弱いとか言ってきたので、悔しかったからです」

**石原**：「なるほど。ありがとう。野球は嫌いになっていないかな?」

**好男⑥**：「……。正直今は、野球をやりたくないという気持ちも少しあります」

好男君のストーリーは、実際にイップス治療の現場でごく頻繁に見られるケースです。

前日も当日の朝も、体の調子は良かったのに……。

## ■久葉課長にカウンセリングをしてみる

**石原**：「あの日の体の状態はどうでしたか？」

**久葉課長①**：「久々のコンペということもあり、気合いもかなり入っていましたし、前日の打ちっぱなしも調子が良く、身体の調子も良かったです」

**石原**：「最初に、いつもと感覚が違うショットを打ってしまったのは、どの場面でしたか？」

**久葉課長②**：「これを決めれば、優勝が決まるという場面の一打目のパターです。2位の毛原部長との差もありましたし、決めて当然、私の優勝だという周りの視線を強く感じていました」

**石原**：「そのようにいつも以上に意識した状態で、大きくホールから逸れたパットを打ってしまったわけですが、実際に打ったときの体の感覚はどんな感じでしたか？」

**久葉課長③**：「これまで、この会場でのコンペも何度も経験していますし、同じような状況のパットは、何度も決めています。しかし、あの瞬間は、絶対に失敗してはいけないという気持ちが強くなっていたように思います。そのためか、何度も失敗しないように、打つ前に腕をどう使うのかなどを、入念に考えているうちに、身体の動かし方を忘れてしまったように、突然身体をどう動き出したらよいのか、わからなくなってしまいました」

**石原**：「その後、もう一度、今度はホールに届かない短いパットを打ってしまったようですが、そのときはどのような状態でしたか？」

**久葉課長④**：「前のパターが大きくコースを外れて、ホールをオーバーしてしまったので……。同じ失敗を繰り返さないよう慎重になりました。前回よりも弱い力で打たなければと意識しましたが、力の加減を過剰にしすぎたのか、力の入れ方がわからなくなりました。また身体をどのように動かし始めたらよいのかが、わからなくなってしまいました」

**石原**：「ご自分で色々調べて、息子さんが野球で起こしてしまった症状と同じ『イップス』ではないか、と思われたようですが、ゴルフ仲間や会社のお仲間には、相談はされましたか？」

**久葉課長⑤**：「していないですね。なんだかメンタルが弱いと思われたら、社内のイメージも悪くなるかもしれないと思うと、ごまかせるものならごまかしたいと思っています」

**石原**：「ありがとうございました。ゴルフは嫌いにはなっていませんか？」

**久葉課長⑥**：「嫌いにはなっていないですけど、イップスになる前のように心から楽しめるものではなくなってしまっているのが現状です」

## ■カウンセリングの結果をまとめる

好男君や、お父さんである久葉課長の体に実際にどのようなことが起こり、何が原因となって、イップスという結果を招いてしまったのかを考察していきます。

イップスが起こらずにプレーできていた状態からイップスになるまで、重要なポイントがありますので、そのポイントごとに説明させていただきます。

### ①体に不調な部分はない場合が多い

イップスは、「通常通りにプレーができない」という点では、捻挫や肉離れなど他のスポーツ傷害と同じですが、疲労や炎症など、身体の機能に異常や不調はないなかで起こることが多いと言われています。

現に、これまで私がイップスを治療させていただいたり、アンケート、ヒアリングをさせていただいた選手のなかに、医学的な画像所見があった選手はいませんし、そのような報告を聞いたこともありません。体のどこかに痛みがあったり、画像所見のある選手がいたとしても、それはイップスになる前に起こった症状であったり、イップスの症状があるなかでプレーを続けたことによる二次的なものであったりと、イップスの症状と直接結びつくものではないと考えることができます。

## ②目の前の状況を「失敗してはいけない」と認識したなかで起こることが多い

これは、イップスが起こる際に、ほぼすべてのケースで見られます。「失敗してはいけない」と認識するのは、個々人により原因が異なります。その原因は、大きく二つに分けることができます。

一つ目は、一度失敗した経験があるケースで、多くの場合その失敗経験の記憶がフラッシュバックするものです。

一度失敗している記憶から、再び同じ失敗をするのではないかという「予期」が起こると考えられます。スポーツ選手に限らず、人間は失敗して再学習して、技術を習得する生き物です。一度起こした失敗の後に、その経験を切り替えることなく深刻に認知してしまうと、次に似たような場面になったときに、「あ、あのときと同じだ」と予期が起こりや

「失敗してはいけない」と認識する

すくなる傾向があります。

二つ目は、これまで経験したことにないような緊迫した場面に身を置いたケースで、失敗してはいけないと認識するものです。

これは、一つ目にあげた失敗した記憶や、それによる予知とは、少し性質の異なるものです。大舞台で緊迫した試合展開のなかで、ふと辺りを見渡したとき、大観衆、大歓声、点差、展開などを冷静に俯瞰してしまい、「ここで自分が失敗したらどうなるのか」と考えた経験がある方も少なくないと思います。

パターンは、当然イップスが起こってしまった個々の選手の性格などにより異なりますが、イップスは、このように目の前の状況に対して、いつもは考えることのない「失敗への不安」を強く感じたときに起こることが多いのです。

好男君が置かれた状況は、この後者のパターンに該当すると考えられるでしょう。好男君は、大会前の非常に緊迫した先輩たちの視線、気迫が漲る環境に身を置いていました。その状況は、実際にその場にいた誰もが感じ取ることができるものでした。当然好男君もその状況を感じ取りました。これは、好男君に主に視覚から入力された「刺激」です。そして、好男君の脳はその刺激を、これまで経験したことのない「大会前、先輩にデッドボールを当ててはいけない、当ててしまったらどうしよう」と不安という形で処理をしたのです。

ここで注目すべきは、実は好男君の隣には、同じような状況で先輩に対してプレーをしていた同級生もいたはずで、その選手はイップスを起こしていないということです。これらの刺激を脳がどのように捉え、処理するのかは、個人個人で大きく異なります。

つまり、同じ刺激が入力されても、イップスを起こす選手と、起こさない選手がいるのです。イップスを起こすか起こさないかの分岐点は、刺激に対しての脳の処理の方法、認知の仕方が深く関わると考えられます。

### ③人間関係や緊迫度が低い状況では起こりづらい

イップスの起こり方にも、パターンがあると考えています。私は、大きく二つに分類して考えています。

一つ目は「特定の場面でのみイップスが起こるパターン」です（以下、オンリーパターン）。

これは好男君のように、目上の人をはじめ、緊張するような人を相手にしたときや、緊迫した場面などにのみ起きてしまうパターンです。こちらのケースは、リラックスできる相手や場面では、いつも通りにプレーできることが多いのです。

二つ目が、「状況や相手に関わらず、イップスを起こすパターン」（以下、オールパターン）です。

野球の送球で起こるイップス（以下、送球イップス）でいうと、送球という運動そのものが、あらゆる状況でも完全に失調してしまうパターンです。多くの場合、イップスが初めて起こってからは、初期段階としてオンリーパターンが起こり、その後に症状が進行するとオールパターンになってしまう傾向があります。他のスポーツ傷害でも早期発見、早期治療が重要ですが、当然イップスも例外ではなく、イップスであると認識し、早い段階で対策を行うことが非常に重要であると考えられます。

## ④イップスになったことを認めたくない、知られたくない

イップスにも「早期発見、早期治療」が重要であることをお話しさせていただきましたが、この「早期治療」が、他のスポーツ傷害と異なり困難になりやすいのがイップスの特徴です。その大きな原因と考えられるのが、「イップスであることを認めたくない、知られたくない」と選手本人が考える傾向が強いことです。

これは、イップスがもつ『スティグマ』によるところが大きいと考えています。『スティグマ』は、あまり聞き慣れない言葉かもしれません。スティグマとは、心理学用語で、語源はギリシア語です。『広辞苑』によると、「社会における多数者の側が、自分たちとは異なる特徴を持つ個人や集団に押し付ける否定的な評価。身体、性別、人種に関わるものなど。避けられるべきものであるということを、他者に知らせることを目的として、奴隷・犯罪者等の身体上に押された烙印のことを指す。個人がもっていて、それがその人の社会

**イップスになったことを認めたくない、周りに知られたくない。**

的受容に深刻な否定的影響を与える、いわゆる汚点・欠点・ハンディキャップなどのこと」とあります。

少し難しい概念になりますが、『社会が何となくネガティブなイメージをもっていること』くらいに考えておいていただけたらと思います。

スポーツに限らず一般社会においても、心理的な病理状態は、このようなスティグマが存在することが多いのが現状です。心理的、精神的な病に対するスティグマは、病に苦しむ本人が、周囲の目を気にするあまり、医療機関の受診などを躊躇う事態を招き、病状の回復にも影響を及ぼしかねないのです。

スポーツ現場でも、「イップスは、メンタルが原因で起こるネガティブなもの」と選手本人だけでなく、チームメイトや指導者にも認識されていることが多いため、イップスにも心理問題のスティグマが反映されてしまい、「周囲に知られたくない」と考える傾向が強いのではないかと私は捉えています。試合に出たいからという理由で、肩の痛みを隠してプレーするということは、野球の現場では往々にしてありますが、その「隠す」とは、明らかに違う意味合いをもっていると考えています。

しかしこのように、イップスが起こってから早期に対策を行うことが重要だと説明したなかで、矛盾するかもしれませんが、たった1回の暴投や失敗を「イップス」と捉えることは、好ましいことではありません。

過去に失敗にしたときと似たような状況を迎えたときに、過去の失敗がどのような記憶として存在しているのか、もしくは記憶すらしていないかということは、イップスの発症においては非常に大きな分岐点になるのは言うまでもありません。

「どのくらいの期間にわたり症状が続くとイップスである」という明確な指標はありま

せんし、イップスと「単なる失敗」の境界は、個人の特徴による部分が大きいものと考えられます。

しかし、失敗するたびに「イップスかも知れない」と考えたり、周囲が失敗した選手に対して「イップスなんじゃないの？」と冷やかし半分に声をかけたりすることは、「単なる失敗」で終わるはずであった出来事を、イップスへと発展させかねないことだけは間違いないと言えるでしょう。

## 競技レベルや性格ではなく「きっかけ」

イップスが起こる要因については、まだまだ研究の必要がありますが、イップスを起こしてしまった選手に、よく現場で指導者やチームメイトから掛けられる言葉で、はっきりと否定したいものが二つあります。

一つ目は、「練習が足りない、技術が低いから、イップスになった」というものです。これは、最も見当違いな考えであると思います。イップスは、好男君のようにむしろ競技レベルが高い選手や競技歴の長い選手で起こる傾向があると、これまでの研究で報告されています。競技を始めたての選手が送球をコントロールできないのは、技術レベルや練習不足が原因かもしれませんが、イップスは、もともとできていた動作ができなくなる症状です。

もう一つ、イップスの原因として頻繁に現場で使われる言葉に「メンタルが弱いからだ」というものがあります。これも根拠のない考えであると私は思います。おそらく緊迫した場面で起こりやすいイップスの特徴から、メンタルという分野に原因を結びつけようとしているのかもしれません。しかし、そもそもメンタルという言葉自体が、実は非常に曖昧な概念です。好男君のように、大きな大会で結果を残してきた選手も、あるとき急にイップスになることが数多く見受けられます。この場面だけを切り取って、メンタルが弱いというのは、見当違いです。

イップスは、技術レベルの低さや性格に起因するものであるというよりも、「きっかけ」により起こるものであると捉えるほうが正しいと私は考えています。

イップスは、順調にプレーができていても、あるとき好男君のように、何かの「きっかけ」で、「スイッチ」が入ってしまうものなのです。つまり誰にでも起こりうるし、「きっかけ」は個々人によって異なるため、どんなタイミングでその人にとっての「きっかけ」

と出会ってしまい、スイッチが入るのかはわかりません。

好男君の隣で、同じ条件でバッティングピッチャーをしていたのに、イップスにならなかったチームメイトが、好男君よりも練習不足で技術レベルも低い選手であることは、頻繁に見受けられるケースです。技術レベルや、メンタルをイップスと結びつけて言及する際には、その選手と好男君の例を思い浮かべていただきたいと思います。

コラム1

## 様々なスポーツのイップス

『ニューヨーカー』という米国の雑誌があります。私が以前米国に留学しているときに指導をしてくれた教授が好んで読んでおり、米国の知識人の間で人気のある雑誌です。さて、その『ニューヨーカー』にイップスの記事が出ています（2014年5月26日号）。

その頃タイガー・ウッズのコーチだったハンク・ヘイニーが、実はイップスを患っていたことが紹介されています。このため、彼がこの時点で世界的に有名なゴルフコーチであったという名声にもかかわらず、1985〜2002年の17年間でラウンドした回数は10回にも満たなかったということです。ヘイニー自身もこのイップスの問題を解決すべく、ビデオに撮った彼のスイングをコマごとに追っていて、懸命に問題を抽出しようとしたようですが、これはことごとく失敗したとされています。また、イッ

**トミー・アーマー選手**（写真：AP/アフロ）

プスは多くの場合、パターなどの小さく繊細な動きに出現しやすい傾向がありますが、彼の場合はフルスイングにも影響があったということです。

イップスは（第4章でも触れられていますが）、もともとこのように、ゴルフ競技において名付けられたものとされています。1930年（昭和5年）前後に活躍した、トミー・アーマーがこの状態に陥り、彼が名付けたのが最初だとされています。

しかし、この疾患は他の様々な

コラム1

競技でも見受けられます。本書でも多く取り上げている野球のピッチングも、イップスが見られる典型的なスポーツ動作です。この他にも、先の『ニューヨーカー』の記事では、クリケット、ダーツ、スヌーカー（ビリヤード）、アーチェリー、射撃などにも見られるとしています。確かに、ダーツ、アーチェリー、射撃などの的を射るゲームには、まさに起こりそうですね。以前アーチェリー関係者と話をして、「こういう状態なったときにはちょっと一杯引っかけてやると、割と良いんですよ」と笑いながら教えてくれたのを思い出します。しかし、さすがに試合のときにはそういうわけにもいかないので、やはり一旦イップスになると深刻な状態なのだと思います。

私が経験した比較的珍しいスポーツとしては、ラグビーがあります。ラグビーというとスクラムを組んで全身で押し合う場面が想像されるので、一体どこでイップスが起きるのだろうと思われる方も多いのではないかと思います。一つ想像されるのは、プレースキックのときでしょう。五郎丸歩選手が、ルーティーンの人差し指を立てるポーズから蹴るところなど、いかにもイップスが起きそうですが、私が経験したのはラインアウトの場面でした。両チームの選手が平行に一列に並び、サッカーのスローインのようにボールを投げ入れて試合を再開する場面です。この場面で、どうしてもボールが思うように投げられないということで相談に来た選手が以前いましたが、これも一種のイップスにあたると思います。

この他にも、卓球、バドミントン、テニスなどのラケットスポーツでも、イップスは多く認められると思います。以前、国立西別府病院の森照明先生が、卓球のイップスについての発表をされていたのを思い出します。そして、その症状も基本的なフォアハンド、サーブ、レシーブ、どの動作にも見られるということを報告しておられます。

このように、イップスは詳細に見ると、ほとんどどのような競技にも起こりうる状態ではないかと思います。それ故、そういった状態を放置せずしっかりと回復に結びつけていくことが、競技力向上の面からも重要なことになってくるわけです。

（内田　直）

# 第2章

# イップスの症状を知る

## ■イップスの定義

前の章では、イップスがどのように起こるのか、ということを見てきました。この章からは、イップスとは一体どんな症状のことなのか、体にはどんなことが起きているのかということを、詳しく見ていきたいと思います。その前に、「イップス」の定義をお伝えしたいと思います。

あるイップスの研究論文では、

**「イップスとは自動化された動作の遂行障害である」**

と定義されています（Bawden & Maynard, 2001）。

今これを聞いても、さっぱり意味がわからなくて当然です。大切なことは、この定義の言葉の意味がわかることではなく、イップスはどんなものなのかを理解することです。そのためには、共通した言葉での認識は必要ですので、このイップスの定義をまずは頭の片隅においていただけたらと思います。これからイップスの症状を説明させていただくなかで、その意味をご理解いただけると思います。

## ■症状を知るということ

「イップスが起こっているとき、自分の身体にはどのようなことが起きているのか？」これは、イップスを起こしてしまっている多くの選手が抱く、率直かつ最も大きな疑問です。

イップスは一般的には、真っ赤に膨れ上がった腫れも、ズキズキする痛みもないため、一体自分の体にどのような異変が起きているのかの実感がわかないのも当然だと思います。

想像しやすく、日常生活のなかの一コマに置き換えて考えてみましょう。お腹が痛い日が何日も続いていて、賞味期限が切れた食べ物を食べたわけでもなく、エアコンの効いた部屋でお腹を出して寝てしまったわけでもない。その痛みの原因にまったく思い当たる節がないときは、「ひょっとしたらこれは大きな病気なのではないか」などと、不安を感じてしまいがちです。しかし、病院に行って検査をして、医師から「これこれこういうことで、ちょっとした胃炎ですね。この症状にはこの薬が効きますので処方します。2～3日で治るでしょう」と言われたら安心して、まだ薬も飲んでいないのに、診察室から出てくるときには、少しお腹の痛みも和らいだような気がするなんて経験がある方もいらっしゃるかもしれません。

人間にとって、自分の身体に起きている異常の原因や症状、それに対しての対処方法を知ることはとても大切なことなのです。

## 一種の不安症と捉える

イップスを起こしてしまった選手と向き合うなかで、いつも強く感じていることは、イップスのことを非常に複雑に捉えすぎているということです。

おそらく、突然起こってしまうというイップスの特徴や、いまいち納得できる説明がなかったことで、より不思議で、複雑なものであると考え始めてしまうのではないかと感じます。そのため、ここでイップスというものを可能な限り適切に捉えていただくために、シンプルな言葉で表現したいと思います。

## イップスは「不安症」の一種です。

勝敗、敵味方のあるスポーツという舞台に身を置くスポーツ選手にとって、自分が不安症であることを認めるのは、とても勇気がいることであろうかと思います。

しかし、これまでのように手探りの治療でイップスに立ち向かうことを避けるために、治療方針を決め、スムーズに治療を進めていく上で、治療に共に取り組む周囲のスタッフやチームメイトと、イップスを起こしてしまっている選手との間でイップスに対する共通認識をもつことは、大変大きな意味をもつことになります。それは、治療の結果を大きく左右することすらあります。

そして、イップスが一種の不安症であると認識し、納得することで、当然改善に向けた取り組みの方針も、「不安を解消し、安心感を高める」ことに固まるのです。

注：実はイップスについての文献の一つに、イップスを不安により起こるものと、もう一つ「中枢神経系の器質的変化」によって起こるものに分類しているものがあります。この「中枢神経系の器質的変化」によるイップスは、脳や脊髄神経などの変化ということですが、加齢と共に増加するという

データがあります。要するにこの「中枢神経系の器質的変化」とは、いわゆる「加齢」や「老化」により、「当たり前のようにできていたことが、できなくなってしまった」というものにあたります。

イップスの定義が「自動化した動作の遂行障害」とされているために、広い意味でこの加齢による変化が該当してしまっているという解釈ができるかと思います。

## ■不安を感じたことで起こる反応

スポーツでは、勝ち負けがあることがほとんどです。純粋な勝ち負けのない競技でも、成功や失敗はつきものです。

選手によって、イップスになる経緯は様々ですが、そのほとんどのケースにおいて共通しているのは、イップスが初めて起こった際に、何らかの不安を感じていたことです。

よくあるケースで言いますと、試合で一度暴投してしまった後に感じる「再現してしまわないかという不安」、大舞台で誰もが「できて当たり前と思っているプレーを失敗してしまわないかという不安」、しばらくプレーをしていなかったブランクにより、「今まで通りにプレーできるかという不安」などがあげられます。

それでは、人間の脳が目の前の状況やこれから起こりそうな予期を「不安」と感じたときに、体にはどのような反応が起きていて、それがどのようにイップスという症状として現れるのでしょうか。まず「不安」は、内臓の働きや自律神経の働きに変化を起こします。人間の身体に備わっている自律神経は、交感神経と副交感神経に分かれています。交感神経は、わかりやすく言うと、主に起きているとき、緊張しているときなどに働いている神経、副交感神経は、主に寝ている時、リラックスしているときに働いている神経です。

この二つは、体のそれぞれの器官に対して互いに相反する働きをしています。スポーツの試合における緊迫した場面などで、心臓がドキドキしたりしているときは交感神経が心臓のリズムを速めており、逆に試合後、帰宅して「終わったー」と一息ついているときは、副交感神経が心臓の動きを「ゆっくり」にしています。自律神経は、心臓だけでなく、目や、胃腸、汗腺や、感情の働きまでも、そのスイッチを入れ替えることで支配しているのです。

このように不安を感じたり、緊張したりすると、自律神経は交感神経のはたらきが優位となりやすくなります。しかし、イップスに直接結びつく反応は、不安によるこのような生体反応の変化ではなく、不安によって発生する**『脳が過剰に「運動調節」をしようとす**

**る反応**』であると考えられます。

## ■最大のキーワード「運動の自動化」

ここで、イップスの症状を説明する上で、欠かすことのできないキーワード「運動の自動化」について説明します。「運動の自動化」とは、運動学習の一つのステップであり、その最終段階にあたります。運動学習とは、次のように段階分けをすることができます。

①「認知」――習得する動作を、主に視覚を通してイメージする段階

例：野球で参考になる選手の投球動作を見て、獲得したい動作を理解する。

②「習熟」――認知した動作を反復し、認知した動作とのズレを修正していく段階

例：イメージしように投球してみたが、鏡で見るとイメージと違っていたため、イメージした動作に近づけるために、動作と確認を繰り返す。

③「自動化」――動作を意識せず、他のことに意識をおいても動作を行える段階

例：試合展開や、コントロール、ボールのスピードなどに集中しても、「投球」という動作自体は行える。

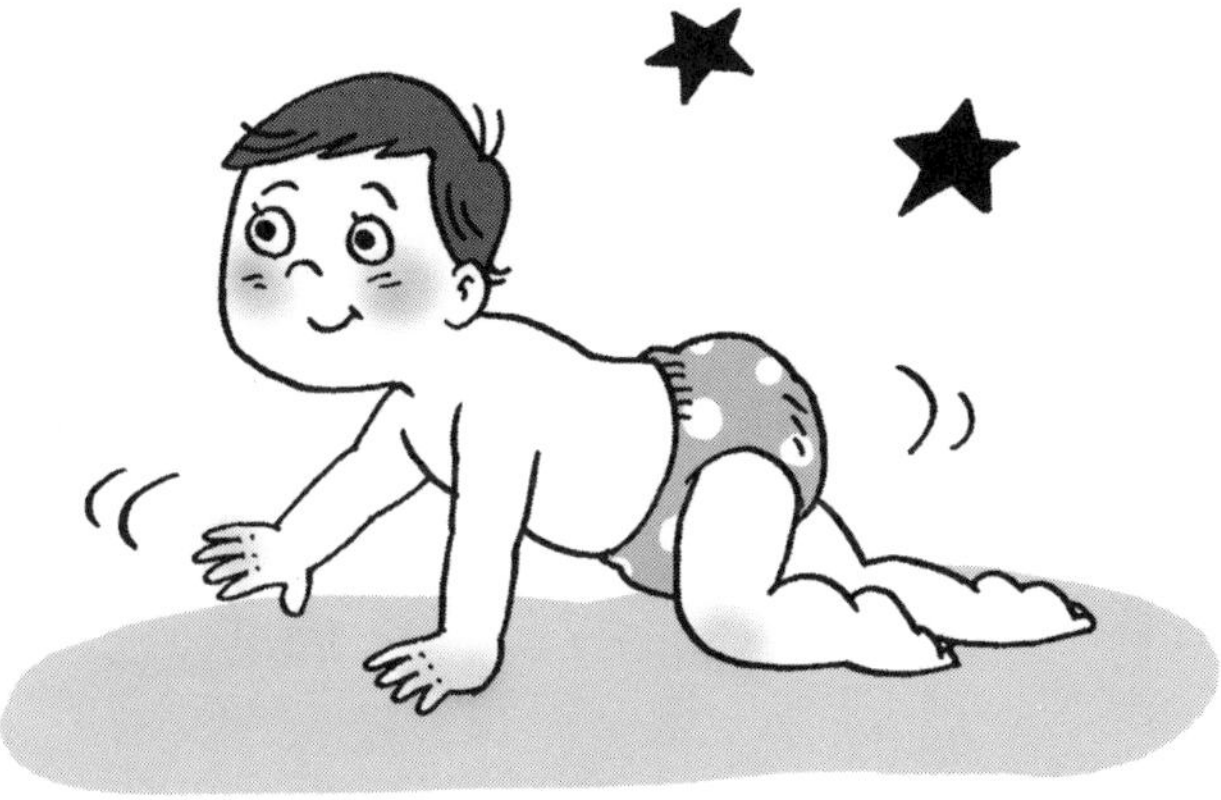

**寝返り、お座り、ハイハイ、立ったり、歩いたりなど、赤ちゃんも自然に動作を獲得していく。**

イップスの定義の部分でも登場したワードですが、この運動学習の最終段階にある「運動の自動化」とは、わかりやすく説明すると、「何も考えずにしている運動」のことです。

人は、誕生してから、様々な運動を学習し、記憶していきます。多くの場合、一度記憶した運動は、一般的には忘れることはありません。

寝返りをしたり、お座りをしたり、ハイハイをしたり、立ったり、歩いたり。これらは、「発達」と言われる動作の獲得であり、生後数ヶ月あるいは数年で獲得することが、一つの正常な発育の目安になっています。行政が行っている「〇ヶ月検診」などでは、その時期に踏んでいるべき発達段階を、「指差し」や「首座り」などの獲得度合いを確認することで、判断したりもしていますね。

運動の「学習」は、赤ちゃんの発達とは異なります。イップスは運動動作が一通り獲得され、スポーツを始めた後に獲得した運動の失調であると捉えることができます。

しかし、「発達」も「学習」も、いずれも人間の体が何らかのアクションを起こしています。そのアクションは、端から見ると動いているのは体だけのようですが、実は脳が獲得した情報をもとに筋肉への指令の内容を決めて、神経を伝わって指令を出している、いわば脳の司令の結果なのです。「体は脳の一部である」と考えることもできるかもしれません。

そして運動の学習が進むにつれて、この自動化した運動のレパートリーは増加していきます。その学習は、徐々にスポーツパフォーマンスのような複雑な運動の自動化も可能にします。

しかし、それら複雑に見える運動のほとんどすべてが、実は生まれてから積み重ねてきた「自動化された単純な運動」の組み合わせであると考えることができるのです。

## ■スポーツにおける運動の自動化

前項で、「自動化」について、説明をさせていただきました。

この「自動化」は、日常生活においても、なくてはならないものですが、実は0コンマ何秒、0コンマ何センチの差で勝敗の決まる全力、全速力を求められるスポーツの世界では、より必要不可欠なものなのです。

スポーツのあらゆる種目には、必ずと言ってよいほど「基本となる動作」があります。野球やソフトボールなどの球技では、「投げる」など、サッカーで言えば「蹴る」、テニスやバドミントン、ゴルフなどのラケットやクラブを使う競技では、「道具を振る」などがそれにあたります。これらの種目以外にも、いわゆる競技に参加するための必須とも言うことのできる基本動作が存在します。スポーツをされていたことのある方であれば、思い当たる節があるのではないかと思いますが、「まずはできるようになるまで、ひたすら反復練習をする」という類いの運動です。これこそまさに、今私の息子が繰り返し取り組んでいる「ずり這い」の延長なのです。

スポーツの現場での反復練習は、実は、生まれてから獲得してきた「自動化された運動」

の繰り返しと組み合わせと言うことができます。赤ちゃんの頃から積み重ねてきた単純な運動が組み合わされながら、送球動作やスイング動作になります。

例えば、送球動作を例に考えてみて下さい。

20歳になって初めて『ボールを投げる』方がいるとしましょう。その人は、ボールを握り、相手に向かって、ボールを投げます。相手の構えから大きく外れたところにボールは行ってしまいました。その後も、何度も繰り返しましたが、ボールも遅く、コントロールも定まりません。この方にとって、ボールを投げることは、まだまだ考えながら、調節しながらでないとできない、自動化されていない運動です。

しかし、ボールを投げるということがまだ自動化されていないこの方も、実は気づかないうちに、自動化された運動をいくつも組み合わせて行っているのです。

それは、「立つ」「ボールを握る」「体を捻る」「体重を脚から脚へ乗せ換える」などのより単純な運動です。『ボールを投げる』ことは、あれこれ考えながら、調節しながら行っていますが、これらの運動は、いちいち方法を考えながら、調節しながらは行ってはおらず、自動化された運動であると考えることができます。そして、自動化された運動を組み合わせ、繰り返し送球をすることで、送球動作という運動自体を一つのパッケージとして記憶し、徐々に送球動作が自動化されていくのです。脳はその自動化する過程のなかで、動作の効率を高めたり、コツを掴んだりすることで、俊敏さや再現性の高さも向上させていきます。

スポーツにおける反復練習は、根性論にとどまらず、このような「運動学習」から「運動の自動化」という視点からも、大変重要であるということができるのです。

## ■スポーツ動作のあるべき形

スポーツのパフォーマンスは、「様々な筋肉や関節などが参加し、かつ素早く正確に行われている複雑な運動で、それを自動化させていく過程である」ということを前項でお伝えさせていただきました。そして自動化された運動においては、その複雑さだけではなく、その動作が始まってから、終わるまでの「速さ」にも注目すべきなのです。

このように、非常に短い時間のなかで行われる動作では、いちいち考えながら身体の働きをコントロールすることは非常に難しいことなのです。そのため、スポーツにおいて、特に多用される基本動作は、前項でご説明した「自動化」されることが必須になります。

投球動作は、非常に短い0コンマ何秒かで終わってしまう。

昔から、キャッチボールで、相手の胸に当たり前のように投げられることが求められてきたのは、「投げる」という動作が自動化されることを求められていたことと考えることも、できるかもしれません。いちいち投げる度に、「あそこに投げるには肩をこれくらいの高さまで上げて、同時に足をこれくらい踏み出して……」と考えながら行っているわけにはいかないのです。

ここでさらに、実際のスポーツの試合場面において、いかに基本動作の「自動化」が必要であるのかを、野球を例に考えてみましょう。野球をされたことがない方は、ご自分がされている競技に置き換えて考えてみて下さい。

## ■こんな場面に自動化が存在する

あなたは、試合でセカンドのポジションを守っています。もう何年もセカンドのポジションを守ってきたあなたは、「熟練者」と呼ばれる部類です。アウトカウントは1アウト、ランナーは一塁、二塁です。自分のところに打球が飛んできたら、どのようにプレーをするのかを事前にイメージをしています。

いま腰を低くして構えています。ピッチャーが投げました。バッターが打ちました。一、二塁間から外野に抜けてヒットになりそうなゴロの打球を、あなたはダイビングキャッチをすることができました。すぐに立ち上がり、ランナーと、味方の選手の動きを見て、ゲッツー（一度に二つのアウトがとれる）がとれると判断し、二塁ベースに体勢を崩しながら絶妙なスローイングをして、ゲッツーが成立しました。いわゆるファインプレーです。

「ナイスプレー」と拍手で終わりたいところではありますが、この場面のどこに自動化された動作が登場しているのかを考えていきましょう。

一言で表現してしまえば「ゲッツーをとった」プレーですが、これは細かく「走る、捕る、投げる」の基本動作に分けることができます（実際は、さらにその「走る、捕る、投げる」のそれぞれも細分化することもできますが、割愛させていただきます）。

しかし、このプレー、この三つの基本動作をただ行うだけでは成立しないことは、言うまでもありません。この動作に同時進行で「状況判断」が、行われているのです。

「走る」には、「打球の速さと方向など」によってどれくらいのスピードで走るのか。

「捕る」には、「グラブを出すタイミングや、捕球後のプレーの準備」をどのように行うのか。

「投げる」には、「二塁にいる選手とのタイミング、送球の強さ、方向、ランナーの位置など」により、どんな強さの送球を味方に投げるのか。

これらの状況判断は、この日、この試合、この瞬間に初めて発生したものであり、その場で初めて行われるものなのです。この初めての状況に対して、主に視覚などから得た情報を脳が処理をして、一つの好プレーが成立しているのです。

もうお気づきの方も多いかと思いますが、自動化されるべき動作は、「走る」「捕る」「投げる」、基本動作すべてです。

つまり、今回のプレーは、「自動化された動作」と「状況判断」の、同時進行の組み合わせで行われているのです。

さらに、状況判断は、基本動作が自動化され、無意識に行える前提で初めて行えると言っても過言ではありません。状況判断は、感覚器（目、鼻、耳、皮膚、舌）から得た情報を入力し、絶えず脳を働かせる非常に高度な仕事です。その仕事をする際には、脳はその判断に多くの労力を使う必要があり、集中せざるを得ない状態なのです。そのような状況においては、「走り方」「捕り方」「投げ方」という基本動作は、無意識にできる必要があります。

例えば、初めて訪れた町で、地図を見ながら目的地まで歩いているときに、「歩き方」にまで神経を使えるでしょうか？　脳の働きの許容量は決まっています。複雑かつ緊迫した状況判断の多いスポーツにおいては、日常生活よりも、さらに基本動作が自動化された状態が求められるのです。

歯磨きや顔洗いなど、誰もが毎日行う動作は、自動化されるのも早く、また継続して行うため、自動化された動きが失調する機会も少ないと考えられます。

**歯磨きなどの日常動作のレベルまで、スポーツ動作が当たり前、無意識にできるようになる必要がある。**

しかし、投げる、打つなどの動作は、言うまでもなく日常動作で必ずしも数多く行われるものではなく、各競技の特異的なものであると言うことができます。

その分、一定期間その基本動作を行わない期間が発生してしまうことで、自動化される前の状態に近づいてしまい、結果として、その「動作の行い方自体」に脳が労力を割かれてしまう可能性も高くなります。スポーツにおける基本動作は、そのスポーツに身を置く選手にとって、「歯磨き」「顔洗い」レベルまで、当たり前、無意識の日常動作になる必要があるのです。反復運動で動作が自動化すると、無駄な動きが減り、効率の良い動きになります。効率の良さは、動作の俊敏さにもつながります。そのロス少ない短い時間のなかで行われる動作。実は多くの競技で見られるイップスは、その大半が、一度「自動化されたはずの基本動作」のなかで起きているのです。

## ■調節しようとしてはいけない運動

ここまで、運動の自動化について説明をさせていただきました。それは、繰り返し運動を行うなかで、脳が一連の運動として動きをパッケージ化して記憶するものです。イップスは、競技を問わず、ほぼすべてのケースで、この自動化した運動において起きているのです。

野球の送球で例えると、「投げる」という運動は、腕の軌道や、関節運動の切り返しのタイミング、ボールのリリースポイントなど、すべてパッケージとして記憶しています。正確に言うと、投げたい対象を確認したら、強さ、速さなどを送球動作中に、リアルタイムで逐一調節しているのですが（このような仕組みをフィードバック機構と言います）、その調節方法自体をパッケージ化していると言えます。

そのパッケージ化された動作に、意識的な運動調節が入ることで、脳が一種のパニックになっている状態が、イップスであると考えることができます。

## ■大観衆の前でのハエ叩き

私が以前講演会で、イップスの症状について質問を受けた際にお答えさせていただいた例え話で、好評をいただいた話を紹介させていただきます。

それは、「ハエ叩き」についてです。

みなさん、一度はハエ叩きをしたことはあるかと思います。もし自宅でハエを発見したら、新聞やハエ叩きをもって、ハエに近づき慎重に退治します。そのとき、みなさんはハエを叩くことに集中していると思います。ハエに気づかれないように、ドキドキはするかもしれませんが、決して緊張はしていないでしょう。

しかし、もしこのシチュエーションが、東京ドーム5万人の大観衆の前で、確実に一回で仕留めなければいけないという状況であったらどうでしょうか。いつも通りハエに集中できる人もいれば、「観衆の視線」により、過剰に失敗を恐れてしまう人もいるのではないかと思います。その不安によって、部屋でのシチュエーションでは気にすることのなかった、失敗しないための「叩き方そのもの」の動作に神経質になることもあるのです。その、叩き方そのものへの過剰な意識は、スポーツにおけるイップスと状況が非常に似ています。

## ■オートマチックからマニュアル状態

イップスは、このように何らかのストレスやプレッシャーを感じることで起こっているケースが多く見受けられます。しかし、一度の失敗や不安が、一過性の経験となるのか、イップスとして残ってしまうのかは、その経験をどのように脳が処理して記憶するかによります。「こんなことがあった。でもまあしょうがない」と経験として処理して、次の機会では『引きずらない』人は、イップスになることは当然少なくなる傾向にあります。

しかし、「自分はこういう状況だとこのようになるのか」と、記憶、学習し、次の機会に『引きずられる』人は、イップスに発展する傾向が強いと考えられます。この場合、失敗しないために、自動化された動作のなかに、意識的な運動調節を介入させてしまいます。

しかしその自動化された動作は、効率化され、その動作の途中には意識を介入させる時間的な余裕もないのです。自動化された動作のスピードのなかで、動作の修正や調節を行おうとして、『追いつく』わけがないのです。

イップスは、このようにただ任せるだけでよかった、任せていたからこそ実現していたオートマチック運動を、急に同じスピード、同じ軌道でマニュアル運動しようとするようなものなのです。

## ■イップスの好物「微妙な距離、強さ」

イップスの原因と症状をこのように考えると、イップスが起こる場面を想像したときにピンとくることがあるかと思います。

それは、イップスは、大半が「微妙な距離や強さの運動のなかで起こっている」ということです。野球の送球イップスで言うと、遠投でもなければ、目の前の相手に向けての投球でもない距離での、全力でも、軽すぎもしない力加減を必要とする場面で起こります。

全力運動では、文字通り全力で「１００％」の力を必要とされるため、過剰な運動調節

**10%や100%の力で行う運動では、イップスは起こりにくい。**

が介入する隙《すき》がありません。

　一方すぐ目の前にいる相手に対する送球は、手首の運動だけの送球でも成功したり、また距離も近いため、リリースに失敗したときのコントロールミスの度合いも小さくすむので、安心感があります。全力の「100％」に対して「10％」の力としましょう。

　イップスが「好む」微妙な距離とは、30～70くらいの力加減が求められる、運動調節の必要性が高い場面であることが多いと言われています。運動調節の失敗が、結果として大きく反映されてしまう状況と言うこともできるかもしれません。

なかには、「１００％」でも、イップスを起こしてしまう選手もいらっしゃいますが、その選手たちも、第1章で好男君がしていたフリーバッティングにおけるバッティングピッチャーのように、微妙な距離、微妙な力加減が必要とされる場面において、イップスのきっかけに出会ってしまうことが多いのです。そこからイップスの期間が長くなり、あらゆる力加減の投球に不安を感じるようになり、どのような力加減でもイップスが起こってしまうケースもあります。

## ストレスからの逃避

繰り返しになりますが、イップスを起こしているのは、一種の不安症であると考えられます。不安は、脳に対してストレスになります。そしてその不安を感じた状態で、本来運動学習した脳に任せるだけの自動化された動作を運動調節しようとして、失敗経験を重ねることは、さらに大きなストレスになります。

人間の脳は、本来ストレスから逃避して、自分を守る習性がありますので、次第に元となる不安を感じないように働きます。

つまり、野球の送球イップスで言うならば、不安は送球を行うことで起こる感情であるため、送球動作を苦痛であると認識してしまうことが考えられます。次第に送球動作自体を拒絶し、避けようとすることが多く見受けられます。脳が失敗の記憶やイメージで、いっぱいになってしまっている状態になっているようなものです。このような状態の選手は、次第に競技を行うことに対しても、拒絶反応が起こってきてしまう傾向があります。

私も、部活動をやめたい、もうプレーをしたくないという選手からの相談を数多く受けてきました。個人的には、こんなにもったいないことはないと切実に思います。

しかし、イップスを自ら経験したことのある私は、その気持ちが非常によく理解もできます。イップスに悩んでいた当時、最も私が欲していたのは、イップスの正体を知ることでした。レントゲンにもエコーにも映らないイップスにかかってしまった選手には、理解者がなかなか見つかりづらいのが現状です。本人たちに最も必要とされるのは、しっかりと納得できる症状の説明と、それによる不安やストレスからの解放であると考えています。

## ■ＡＰＡエラー

イップスに関連の深いものとして、「ＡＰＡエラー」という現象があります。これは、動作の開始時に合理的な体重移動とは反対側へと重心が移動してしまう現象で、コーエンらがステップ動作時に見られる現象として報告しています。誤った方向へ移動した重心を修正するため、結果として実際の動作開始が遅れてしまうのです。

イップスは、例えば野球の場合だと、捕球してから送球を開始するタイミング、ゴルフの場合で言うなら、アドレスに入ってショットを始めるタイミングなど、「静から動」のタイミングで頻繁に起こる傾向があるため、このＡＰＡエラーの「運動開始時に見られる動作の修正」という点は、イップスと関連があるのではないかと考えています。

## ■セルフエフィカシーとイップス

イップスは、一種の不安症のような状態であるということを、この章の冒頭で説明させていただきました。ひょっとしたら、イップスが起こっているとき、これまでできていた

「うまくできるだろう」と認識する。

ことができなくなってしまったことや、それに対しての対処方法がわからないことなどにより、ちょっとしたパニック状態になっているような方もいるかもしれません。

人は、スポーツに限らず、自分がある状況において必要な行動を、うまく遂行できるかという可能性を認知したりするのですが、その認知のことを心理学用語で、セルフエフィカシー（self-efficacy、日本語で自《じ》己《こ》効力感《こうりょくかん》）と呼びます。カナダ人心理学者アルバート・バンデューラが提唱したものです。

イップスを起こしてしまう選手にカウンセリングを行うと、このセルフエフィカシーが低い傾向にあります。

不安やパニックのような心理状態のなかで、失敗を予期し、実際に失敗経験を繰り返すわけですから、当然脳には「できない」という記憶が積み重なることになります。

自分には、どのプレーはできて、どのプレーではうまくいかずにイップスを起こしてしまうのかをまず整理し、できることを知ることで、送球自体に対するセルフエフィカシーが高まることにもつながります。また、うまく遂行できる可能性が低いと認知している状況、いわゆるイップスを起こしてしまう距離や状況のなかでも、セルフエフィカシーを高める方法はあるのです。

さて、この章では、イップスの症状について説明させていただきました。

可能な限り、専門家ではなく、選手本人や、周囲の方にわかりやすいよう、また「ピンと来ることを意識して進めてまいりました。次の章では、実際にイップスを治していくための方法をご紹介させていただきます。

コラム2

# イップスの出現しやすい部位

イップスの出現しやすい身体の部分は、どこでしょうか。これについて、機能解剖学という視点から述べてみたいと思います。

脳には、体からの感覚を受け取る部位（一次体性感覚野）と体中の筋肉に動きを司令する部位（一次運動野）が隣り合って存在しています。そして、それぞれの部位は体の様々な部分に対応しています。つまり、ある部位を刺激すると手が動き、別の部位を刺激すると足が動くという具合です。図1には、脳を顔の面に平行に縦に切った場合の感覚野（左）と運動野（右）における、体の各部分との対応を示してあります。これを見ると、右の運動野において、手がとても大きいのに気づかれると思います。腰から下の足の部分よりも、手首から先の部分のほうが大きく描かれています。これはつまり、手をコントロールする

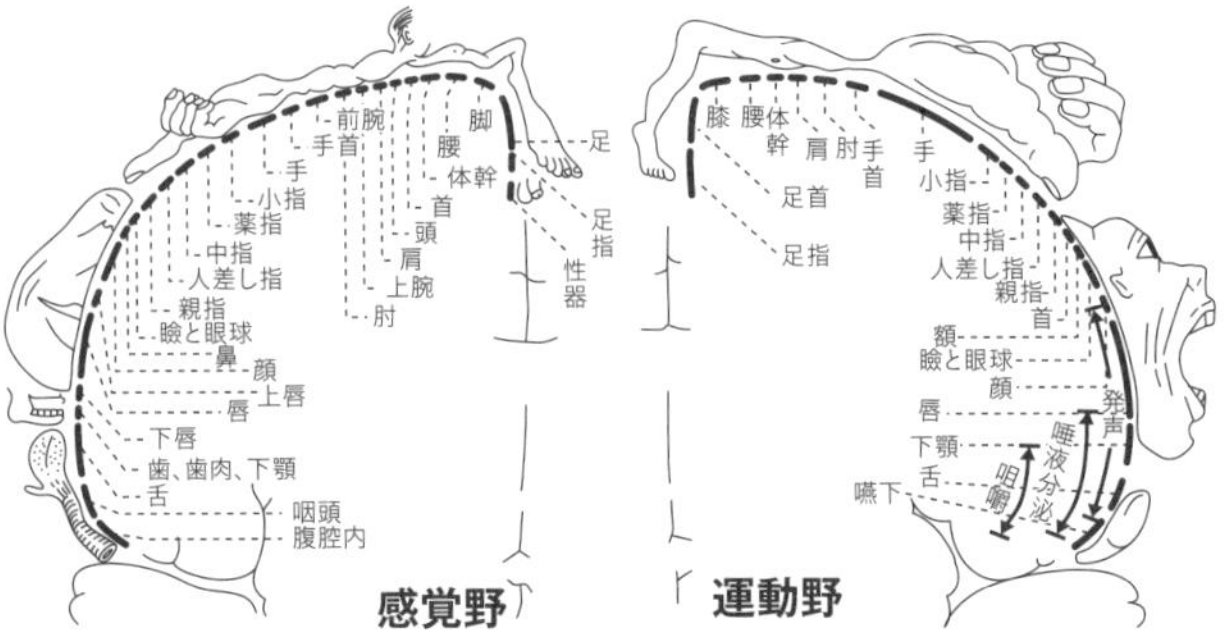


図1

図2

運動に関わるホムンクルス。手の動きに関わる脳の領域が非常に大きいことが示されている。また顔が大きいのは表情筋の支配が関連していて、顔の表情もまた大きな脳の領域が関与している。

（写真提供：ユニフォトプレス）

ために、たくさんの脳の領域が用いられていることを示しています。このように、脳の領域は実際の体の大きさとは不均衡に割り当てられていて、より細かい動きができる部分あるいは必要な部分は、大きな脳の領域が割り当てられているわけです。もう一つの図2は、運動野について図1を実際の体の形に置き換えて、脳の領域の割合に近くつくり上げた小人です。この小人は、ホムンクルスと呼ばれています。とても奇妙な形をしていますが、これを見ると、細かい動きができる部分が大きく強調されている様子がよくわかります。

さて、イップスは、なかでも細かい動きが可能な手の部分に出やすいことが知られていますが、このような機能解剖学的な脳の図を見ると、なるほどと思う面もありますね。一方で、例えばキックに関わるような、足の動きに関してイップスがないかというと、必ずしもそうではありません。しかし、その割合は手に比べれば少ないわけです。このような脳の領域は、実は細かい動作をトレーニングすると領域が広くなることも知られています。したがって、例えばサッカー選手などでキックのイップスが出現するケースでは、一般の人に比べて、足の運動に関わる領域が広くなっているということも関連しているかもしれません。

（内田　直）

# 第3章

# イップスを治す

## ■これまでのイップス治療の問題点

イップスの治し方をご紹介する前に、お伝えさせていただきたいことがあります。イップスは、スポーツ界を始め、様々な分野で報告され、蔓延しているにもかかわらず、その克服方法は未だに確立されてはいません。そのため、医学的な根拠や、知識に基づくことなく、自己流で改善に取り組む施設も存在しているようです。これらの施設で改善した例もあるのかもしれませんが、何がどのように効果を示したのかを説明することが難しいため、再現性が高い治療法とは言えないようです。イップスを起こしてしまった選手は、「肩が痛かったら病院」のように、まず真っ先に相談するべき施設がありません。そのため、改善しない期間が長くなればなるほど、また相談しに訪れた先での治療プログラムで改善の兆しが見られない回数が増えれば増えるほど、徐々に競技自体に対しても無気力になってしまうことも少なくないのです。

イップスには、私を含め、もっと多くの医療、スポーツ科学、その他の研究分野の方々が議論に参加していかなければならないと考えています。

ここからは、イップスの症状改善に取り組むなかで、実際に効果が高かった方法を紹介していきます。

医学的に考察し、医師、研究者、トレーナー等複数の目を通し、イップスが起こってしまっている人に対して、有効に働くであろうと判断されたものをメニュー化しており、実際にイップスの改善が見られたものを厳選して紹介しています。

しかし、これらのメニューは、イップスという症状の特性上、またイップスの学術的な研究が遅れているという現状のなかで、どれくらいの期間でどのような効果が現れるという明確な基準に乏しい部分があります。

理にかなった方法であるということは、自信をもっておりますので、まずは腰を据えて取り組んでいただくことをおすすめしたいと思います。

## イップスをエクササイズで改善する

イップスは、「自動化されたはずの運動に対して、脳が過剰な運動調節を加えることで起こるもの」であるということを説明させていただきました。

これは、『運動調節ができる自由があるから起こる』と捉えることもできます。そのため、イップスを改善していくエクササイズの多くは、調節の自由の範囲を奪うものです。基本となる方針は、まず『脳に動作の調節をあきらめさせる』こと、あるいは『脳からの過剰な運動調節の命令が出ても、反応する側である身体の自由度を奪う』ことが、最初の段階の大きな目的になります。

具体的なエクササイズを始めるにあたり、準備していただきたい道具がありますので、紹介させていただきます。

## ■大きさ、重量の異なるボールを用意する

今回は野球を例にとって進めてみたいと思います。以下のラインアップになります。

小学生用の砲丸
小学生用のハンドボール
硬球のソフトボール
硬球

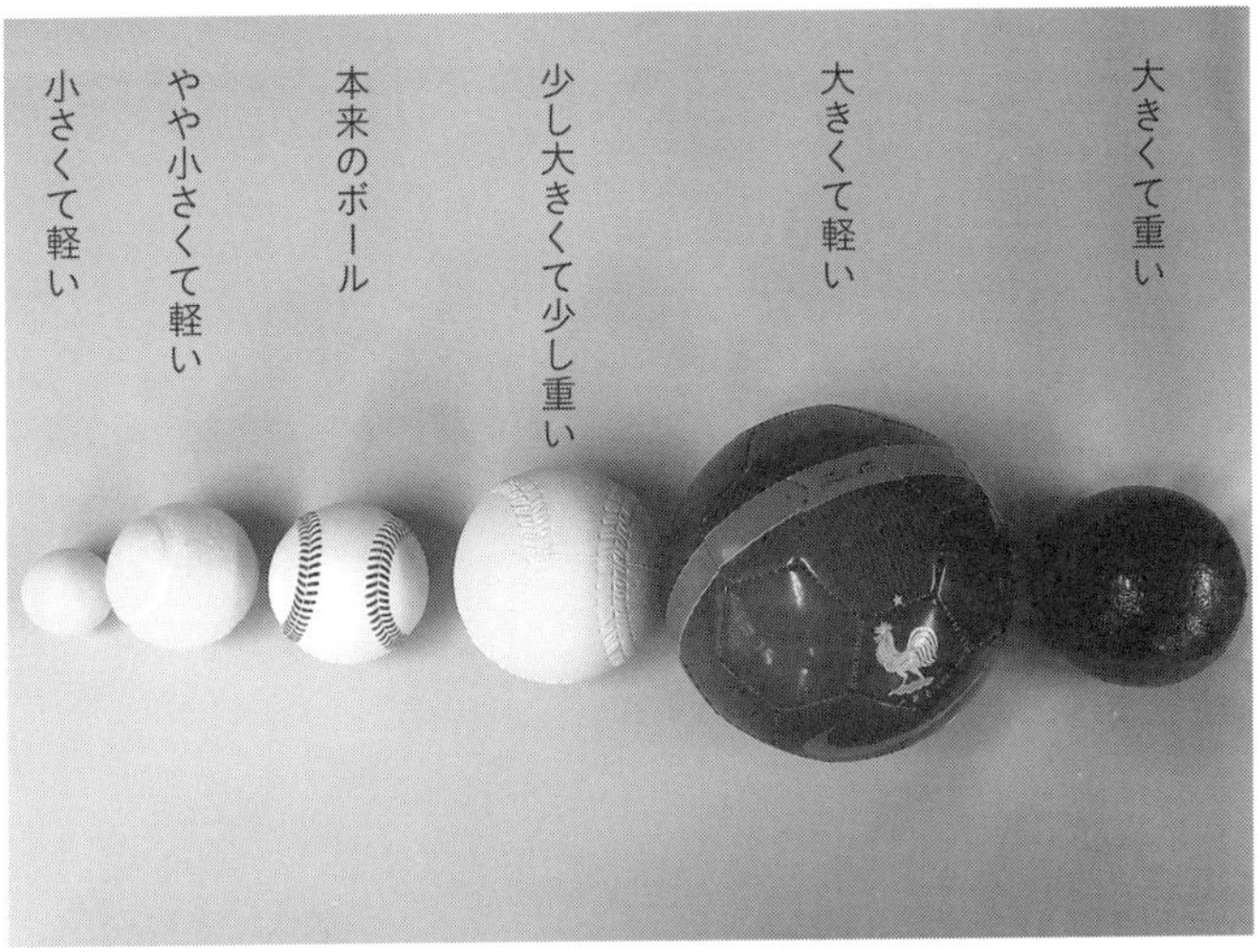


**本文中で挙げた種類のボールを必ず用意する必要はなく、入手しやすいものを使用すればよい。**

硬球のテニスボール
卓球

計6つです。

イップスが起こることによるプレーの不安を解消していく上で、これらの道具を目的に応じて使い分けていきます

## ■重いボール、大きなボールを投げるエクササイズ

まずは、「投げる」という動作への認知を、ボールの大きさや重さを変えていくことで、変化させていきます。当然、ボールの大きさや重さ

によって、使う筋肉や関節も変化しますので、ボールの種類によって「投げやすい」「投げにくい」などのイメージは異なるかと思います。ボールの種類によって、エクササイズの目的が異なりますので、症状に応じて取り組むことをおすすめします。

## ①砲丸を投げる（大きくて重いボール）

私はかねがねスポーツパフォーマンスは『百聞は一感にしかず』であると選手に伝えています。最初のメニューから、「こんなことでイップスが治るのか？」と半信半疑になられる方のお気持ちもお察し致します。騙されたと思い、実際に試してみて、感じてみて下さい。

イップスが起こっている選手は、実際に野球の硬球よりも重くて、やや大きめな球を投げてみたら、硬球よりも明らかに投げやすいと多くの方が感じていただけることと思います。

このエクササイズは、イップスの症状が重く、どのような状況においても投げることに非常に大きな不安を抱えている選手に行っていただきたいメニューです。イップスの分類で言うオールタイプのイップスの選手に、まず取り組んでいただきたいと思います。

硬球野球ボールに比べて、重量も重いため、ボールを握る際に手からボールが落ちないように筋肉がより高い活動をします。そのため、ボールを落とさないために、硬球ボールよりも脳から筋肉への指令が強く出ることになります。

また、硬球野球ボールよりもやや大きいため、指や手首の動きの自由も奪われます。このことで、手首や指で調節を行うことが困難になるため、イップスで頻繁に見られる指で引っ掛けて地面に叩き付けたり、手首の調節で上に抜けたりという結果が起こりにくくなるのです。投げることが自動化していたときは、握ることに対する不安やストレスが感じていないことが多いのです。そこで、硬球ボールを握る時点で不安を感じることのある選手には、このように重くて、大きいボールを使って、強制的に脳の過剰な運動調節による結果が起こりづらい状況をつくることで、投げること自体への不安や、ストレスを軽減させることが非常に有効です。

「ボールが変わるだけで、こんなに楽に投げられるんだ」という声が、この段階で多く聞かれます。このように感じていただくことが、このメニューの最大の目的です。巨大な難敵であると考えていたイップスに対する認知が、少しでも「この程度のものだったんだ」と捉えることができたら、大きなステップアップであると考えることができると思います。

ただし、砲丸を強く投げすぎると、肩や肘を傷める危険がありますので、十分に気をつけて取り組んでみて下さい。

### ②ハンドボールを投げる（大きくて軽いボール）

次は、砲丸よりも軽いハンドボールを使うことで、重量の自由度を、重たい砲丸よりも高めた状況での運動を行います。砲丸よりも軽いため、脳は重さのストレスから解放されて、砲丸のときほど「手のひらから落ちないように」ということに気をとられなくなるため、自由度が高まり、調節の幅が広がります。しかし硬球よりもハンドボールのほうが大きいため、手首や指の調節の自由度は低く、硬球よりもイップスは起こりづらくなります。この段階では、砲丸のように重くて大きい、いわば最も自由度が低い、委ねざるを得ない安心感のある状態から、自由度を一段階高めることで、不安を感じる硬球に、状況を近づけることが目的となります。

### ③ソフトボールを投げる（少し大きく、少し重いボール）

不安のない投球を行うことで、投球に対する不安を解消するための、自由度を制限するエクササイズの最終段階です。硬球ボールよりは、やや大きく、そしてやや重いソフトボールを使って投げます。この段階で重要なことは、硬球ボールを投げることを想定して、様々な距離や相手など、より実践に近い状況で行うことが、重要になります。

ここまでの「自由度を制限する」ためのエクササイズは、主に特定の場面でのみイップスが起こるけれど、普段は通常通りプレーできるオンリータイプのイップスの選手よりも、どれだけリラックスしていても、どんな状況でも投球ができない、「投げること自体」に不安を感じているオールタイプのイップスが起こっている選手が、投げること自体への不安を解消するために有効な手段になります。「ボールを握る、投げる、対象まで制球される」という、この今までできていたことができないストレスが、ボールの大きさは違っても、成功体験を重ねることで、徐々に軽減されることが、大変多く見受けられます。ボールを投げることに対する嫌悪感を減らすつもりで、気軽にこのステップに取り組むことをおすすめします。

**「そういえば、ボールってこんな感じで投げていたなぁ」**

この感想がもてるだけでまずは十分です。高額な費用も、特別な施設も、イップスの治療には必要ありません。練習後や空き時間に、パートナーを見つけて、始めましょう。そして崩れてしまった『投げる』という運動とイメージを立て直しましょう。

イップスには特有の投げ方がみられます。その動きが、徐々に消失し、本来の投球フォームに必要な動きが見られ始め、「送球動作」自体に、イップスが起こらなくなったと感じたら、野球の硬球ボールを実際に投げてみて下さい。この時点で、野球のボールを投げたとき、多くの選手は、何かしらの良い感覚を掴みます。もちろん掴むことができない選手もいます。掴むことができなかった選手は、そこで治療へのモチベーションを下げないでいただきたいと願います。多くのイップスに悩む選手は、イップスの症状の掴みどころのなさや、理解のしづらさから、「あきらめ」「投げやり」な状態に陥ることが多いのですが、この感情は、治療を進めていく上で、最も大きな障害となるのです。

## 軽いボール、小さなボールを使ったエクササイズ

イップスには、症状の進行度合いがあります。捻挫や肉離れにも、その損傷度合いにより「何度」と診断が下りますが、その概念と似たようなもので、イップスだけに存在する特別なものではありません。

そして、その度合いによって、回復に向けてのプロセスも異なりますが、イップスもま

たパターンにより最適と思われるプロセスが異なります。

前述したように、「あらゆる状況においてイップスが起こってしまう」オールパターンと、「特定の場面にのみイップスが起こる」オンリーパターンに大きく分けられます。ここで説明する方法は、より進行度合いの軽いオンリーパターンの場合に有効なものになります。

オンリーパターンでよく見受けられるケースは、前章でも説明させていただきましたが、「怖い先輩とのキャッチボール」や、「ミスが許されない試合」など、選手によって様々です。こちらのパターンに分類されるイップスの選手の多くは、リラックスした状態、ストレスのかかっていない状態でのプレーでは、投げることに対して大きなストレスや不安を感じていません。

そのため、対策としては、投げること自体へのストレスの軽減を目的としたものではなく、イップスが起こりうる場面でのストレスをいかに軽減させるかというものになります。効果の高い具体的なエクササイズは、以下のような方針で進めていきます。

ここでも、野球を例にとって進めさせていただきます。

イップスが特定の場面でのみ起こる選手は、多くの場合、普段は、イップスを発症していない投げ方で投げることができています。言い方を変えれば、投げることそのものが自動化された状態は崩れていないと考えることもできます。

実際にイップスの治療を行ったあるキャッチャーのケースを例に、説明させていただきます。

この選手は、練習のキャッチボールはおろか、試合でもほとんどの場面で、イップスを起こさずに送球をすることができていました。唯一、試合で、投手に返球するときだけ、イップスを起こしてしまうという状態でした。この選手にとって、過剰に運動調節を起こしてしまうのは、投手への送球の場面だけなのです。このタイプのイップスを改善するために重要なことは、投げること自体への不安を解消することではなく、『イップスが起こる場面で不安を感じづらいように準備すること』であると考えられます。そのためには、イップスが起こる場面で、動きの自由度を低くすることで、過剰な運動調節を起こさないことが求められますが、もちろん実際の試合で大きなボールを投げるわけにはいきません。

しかし、野球のボールを、大きくて自由度が低いと「感じる」準備をすることはできるのです。

ボールの重量は、競技によってもちろん決められていますが、ものを「大きい」や「小さい」と感じるのは、比較対象や個人の感覚によって異なるものなのです。

日頃Sサイズのドリンクをもっている人と、Lサイズのドリンクをもっている人が、Mサイズのドリンクを手にしたときの感想が、違うものになるのと似ています。大きいボールのほうが、動きの自由度が制限され、安心感が増すことが多いということを説明しました。この感覚をイップスの治療に取り入れます。野球ボールの大きさを大きくすることはできません。しかし、野球ボールより小さいボールで、より自由度が高く、不安感の強いボールの感覚を記憶することで、野球ボールを握ったときに、相対的に野球ボールを大きく感じさせることによって、野球ボールを投げることの不安を軽減させるというのが、このステップに取り組む上の大きな目的です。

**①テニスボールを投げる（やや小さくやや軽いボール）**

野球ボールよりも小さく、軽いため、野球ボールを投げるよりも不安を感じます。

**②卓球ボールを投げる（小さくて軽いボール）**

私が独自に探した市販で用意できる『握る』と呼ぶにふさわしいボールのなかで、最も軽く小さいものです。

あまりに小さすぎるモデルガンに込める「BB球」のようなものになると、握るというよりも「つまむ」に近い動作になり、野球ボールと感覚がかけ離れてしまいます。また逆につまむ動きは、動きの自由度が低くなりやすいので、用いられません。

このように、小さいボールを用いて意図的に、イップスが起こりやすい状況をつくり、不安を高めていくことで、野球ボールを握る際の安心感を相対的に高めていくわけですが、このステップで非常に重要なことがあります。それは、「なるべく本番に近い状況」で行うことと、「なるべく緊迫した状況に身を置くこと」です。

前述のキャッチャーの選手が、試合中の投手への送球でイップスを起こしてしまうケースでは、実際にプロテクターを着用して、キャッチャーのポジションから、試合でコンビを組むことの多い投手を相手に行うなどの状況セッティングも、効果的ではないかと思います。そこで、ピッチャーにピンポイントで構えてもらって、「ここ以外には投げても捕らない」などのルールをつくってもらったり、10球連続で構えたところに投げるなどのゲーム性をもたせるなど、様々な方法が考えられます。試合での緊張感、失敗への恐怖心、過剰な運動調節は、一度起こり、それがイップスにつながるという経験をして、記憶してしまった以上、まったく消滅させることは非常に難しい作業です。その「試合で起こるであろう状況」を受け入れ、その状態のなかでの身体操作を自動化させることを目指すプロセスにおいて、イップスが起こる状況に対する耐性のようなものが生まれてくることが期待できます。

ここでご紹介したステップは、特定の場面でイップスが起こるパターンの選手だけではなく、大きいボールを利用して、投げること自体の不安を解消するステップの次段階としても用いられます。

ここまで、大きくイップスの二つのパターンに分けて、それぞれの症状に合ったエクササイズをご紹介しました。次はどちらのパターンにも共通して用いられ、効果のあるものをいくつかご紹介いたします。

## ■セルフエフィカシーを高める

セルフエフィカシーについては、前章で説明させていただきました。イップスが起こっ

## イップスセルフモニタリングシート

イップスが起こる際、なんらかの不安と感じる要素があることが考えられます。

このイップスセルフモニタリングシートは、いま自分が、どのようなことをきっかけにして、何が原因となってイップスが起こっているのかを整理することを目的としています。

質問事項には、「大きい」や「小さい」という言葉がありますが、全て回答する方の主観で構いません。

※素振り動作とは、例えば送球の場合「実際に投げずに腕を振ること」、クラブやラケットなど道具を使用する競技の場合「実際に打たずに打つ動きを行うこと」を指します。

※実際の動作とは、例えば送球の場合「球を対象に向けて投げること」、クラブやラケットなど道具を使用する競技の場合「実際に道具を使用して球などを打つこと」を指します。

※対モノとは、実際の動作を行う対象が、人ではなく、壁やネットなどのことを指します。

| | | できる | どちらとも言えない | できない |
|---|---|---|---|---|
| ○ | 素振り動作はできますか？ | | | |
| 1 | 緊迫や緊張をしていない場合 | | | |
| 2 | 緊迫や緊張をしている場合 | | | |
| ○ | 対モノへの「実際の動作」はできますか？ | | | |
| 3 | 狙う対象が大きく(壁やネットなど)、緊迫していない場面 | | | |
| 4 | 狙う対象が大きく(壁やネットなど)、緊迫している場面 | | | |
| 5 | 狙う対象が小さく、緊迫していない場面 | | | |
| 6 | 狙う対象が小さく、緊迫している場面 | | | |
| ○ | 対ヒトへの「実際の動作」はできますか？ | | | |
| 7 | 緊張しない相手に対して、緊迫していない場面 | | | |
| 8 | 緊張しない相手に対して、緊迫している場面 | | | |
| 9 | 緊張する相手に対して、緊迫していない場面 | | | |
| 10 | 緊張する相手に対して、緊迫している場面 | | | |

| | イップスが起こる条件を知る | 自由に記入して下さい |
|---|---|---|
| 1 | イップスが起こりやすい力加減は？（％で） | |
| 2 | イップスが起こりやすい距離は？ | |
| 3 | イップスが起こりやすい「的」の大きさは？ | |
| 4 | イップスが起こる相手は？ | |
| 5 | イップスが起こりづらい力加減は？（％で） | |
| 6 | イップスが起こりづらい距離は？ | |
| 7 | イップスが起こりづらい「的」の大きさは？ | |
| 8 | イップスが起こりづらい相手は？ | |

てしまっている状態のときは、セルフエフィカシーが低くなり、自分が何ができて何ができないのかが整理できていない、いわば「混乱している」状態であることが多いため、セルフエフィカシーを高めるのに効果的な方法をご紹介します。

## ①セルフモニタリング

イップスで陥りがちな無気力感は、現実に起きている状況を過剰にネガティブに捉えすぎていることが原因となることが多いと考えられます。できないことばかりに気をとられ、できることと、できないことを自分のなかで整理できていない状態です。イップスを改善していく上で、自分がプレーに対してどんなことができて、どんなことができないのかを、一度整理することが重要になります。

この作業を「セルフモニタリング」と言います。

イップスのセルフモニタリングシートを右ページに示しますが、私の治療院のホームページにも無料で準備してありますので、気軽にご利用いただけたらと思います。

イップスの時期が長かったり、色々試したけれど、治らなかったりと、やや無気力になってしまっている選手ほど、「めんどくさい」と思われると思いますが、一度ご自分の現状

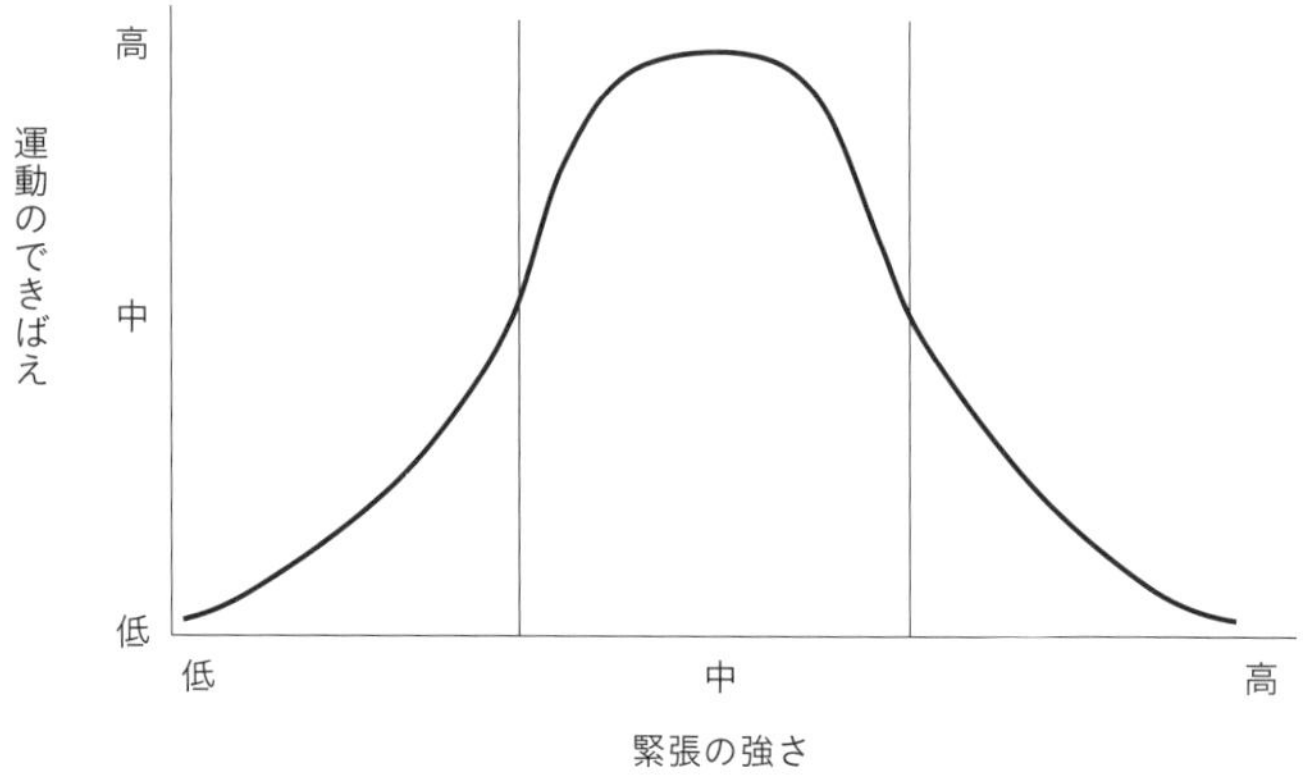


**図　緊張の強さとパフォーマンスの関係**
（日本スポーツ心理学会編『スポーツメンタルトレーニング教本 三訂版』p.110、2016より改変）

を客観的に把握することで、症状が落ち着くこともありますので、試していただくことをおすすめします。

### ②リラクゼーションまたはサイキアップ

イップスは、一種の「不安状態」であると考えることができます。スポーツメンタルの世界では、メンタル状態を緊張の強さの両極に分けて、選手がどの状態にいるのかを評価することがあります。グラフで上の図のように表すことができ、一般的には図のように、ちょうど中間の状態が良いとされています。このようなメンタル状態とその評価は、逆U字理論などと表現されたりもします。傾いたメンタルを最良の状態に導くためのテクニックとしては、緊張度が低い選手をほどよい興奮に導く方法と、緊張が強すぎる選手をややなだめる方向に導く方法があります。前者を「サイキアップ」、後者を「リラクゼーション」と呼びます。

イップスは、「不安症の一種」であると申し上げました。遂行したいプレーに対する不安を感じていることがほとんどです。「不安」を感じているときには、交感神経の働きが活発になっていますので、視界からも多くの情報が入ってきて、脳も体も働きが活発になります。

つまり、この図で言うと、一般的には右側に偏った状態であると言えます。その場合には、「リラクゼーション」の考え方が有効であると考えられます。

しかし、実はイップスが起こる現場では、すべてが右側に当てはまるわけではなく、自信を失っていたり、不安が強かったり、不安を感じている期間が長く続きすぎたことなどの理由で、プレーに対して「無気力」な状態に陥っている選手も多く見受けられます。その際には、心理状態を活発にするために、むしろ「サイキアップ」が有効なケースが多々見受けられます。選手の発言内容や、様子から、その選手にあった方法で、最適な心理状態に導くことが重要になります。

これらは主に試合前などに行われ、「最良の状態で試合を迎えられるように」という概念で行われることが多いです。しかし、試合中特定の場面でイップスが起こる選手も、得てして試合前は最良の状態であることも多くあります。つまりイップスは、瞬間的に起こりうるものであるため、その瞬間にサイキアップをしながら、そのプレーを行うことで、不安をかき消しながら、イップスが起こるリスクを軽減させていくという考え方です。具体的には、「声を出しながら投げる」「前向きな言葉を口にしながら投げる」「息を大きく素早く吐きながら投げる」などがあげられます。これらの行動は、メンタルをポジティブな状態に導く効果が期待できます。

柔道の試合前に、選手の背中を監督が叩いたり、選手自ら頬を叩いたりしているのを見たことがある方もいらっしゃるかと思いますが、あれもサイキアップの一種であると考えられます。

### ③フェイスセッティング

人間の感情は、表情に現れやすいものです。脳が不安を感じているときは、不安そうな表情が出てしまいます。嬉しいときは、もちろんその逆です。表情と脳の感情を司る部位は、表情筋という顔の表情をつくる筋肉を介してリンクしているのです。そして、その通路は脳から表情への一方通行ではないと言われています。

効果的な方法は、口角（唇の端）をあげること。

イップスは、一種の不安症状態に近いものがありますので、脳が不安を感じ、不安そうな表情をしている方が多く見受けられます。原因は「脳の不安」で、結果が「表情の不安」なのですが、逆に表情の不安を消すことで、脳の不安も軽減させることがあると言われています。
最も効果的な方法は、「口角《こうかく》を上げる」ことです。口角を上げることは、接客業の教育の場面でもたびたび指導されるようですが、まさに上げるほうも、上げられるほうも、ポジティブの象徴のようなものかもしれません。口角を上げることで、脳がポジティブな状態なのだと勘違いするとも言われています。もちろん

**通常の送球動作では、自分の手とボールが視界に入っていない。ボールがどの位置にあるのか不安に感じるなら、いっそのこと見てしまおう。**

イップスの起こりそうな場面で、リアルタイムで口角を上げた表情をつくるのがよいでしょう。

## ④ハンドルッキングスローイング

イップスに悩む選手にヒアリングを行うと、多くが「ボールがどの位置にあるのか不安だ」という意見が聞かれます。人間は、視界に入っていない自分の体の部分が、大体この辺りにあるだろうという能力が備わっています。その機能を「位置感覚」と言います。例えば、手のひらを後頭部に置いて、徐々に頭に近づけていくと、大体どの辺りに手があるのかを何となく把握できると思います。知らないうちに、「後頭部に突然当たっていた」ということのないように、腕を上げている筋肉の活動状況などから、脳が情報を把握しているようなものです。

イップスが起こらず、自動化された送球が行えているときにも、当然その位置感覚は働いています。しかし前述の通り、イップスは、過剰に運動調節を行おうとする特徴がありますので、調節のために必要な実際の位置にも、強いアンテナを張りすぎている状態であると考えることができます。「見えないから不安」「不安だから調節も過剰」なのであれば、いっそのこと「見てしまう」ことで、腕の軌道に不安を抱くことが軽減した例が、多く見受けられます。

この方法は本番で用いるのは難しいため、イップス解消のエクササイズとして、気軽に取り入れることをおすすめいたします。

## ■根拠があり、納得する方法で、あきらめずに取り組む

このように、イップスは、目的や原因追及を曖昧にせず、根拠のある方法で、しっかり改善していくことが十分に可能なものなのです。

捻挫や肉離れのように、どこかが炎症を起こしていたり断裂していたりという症状は、イップスにはありません（もちろんイップスになるきっかけが、それらのスポーツ傷害がきっかけであった例はありますが）。

このことは、よく捉えれば損傷や炎症がない分、医学的にはプレーできる状態、健康な体であると考えることもできます。しかし、逆に炎症や損傷は、一般的には一定期間を設ければ自然と回復しますが、イップスはそのような一定期間での自然回復は、期待しづらい傾向にあります。

つまり、イップスになってしまった以上、ある程度の「覚悟」が必要になると私は考えています。それは、「これをやれば、これくらいで治る」という期間を設けるほど、完全回復しなかったときの落胆が大きく、競技自体へのモチベーションの低下にまで影響を及ぼすケースをいくつも目にしてきたことによります。

大切なことは、まずはイップスの症状と、取り組む治療内容に対して「納得する」ことです。よく『イップスに感謝しなさい』『イップスは飛躍するためのステップ』などと言われたりもします。イップスを経験した私だからこそ言えますが、イップスのことを無理に好意的に受け取る必要はないと考えています。イップスは私の野球人生においては災難以外の何物でもありませんでした。自分の好きな野球が思い通りにできなくなるのだから当然だと、今でも思っています。イップスだからと構えすぎず、他のスポーツ傷害と区別せず、淡々と治療に取り組むことが大切なことです。みなさん、接触プレー直後に腫れた部分のアイシングを疑問をもちながら行うでしょうか？　出血した部分の消毒に対して、その創傷部位を好きになろうと努力するでしょうか？　答えはお任せいたします。私はもちろん怪我は好きではありませんでしたが、アイシングも消毒も、理由に納得しているからこそ、習慣のように淡々と行っておりました。そして、少しでも症状や感覚に変化が現れたら、まずは満足して、淡々と継続することがイップスを治療していく上でも、他の怪我の回復と同様、非常に重要なことなのです。

## ■治療を現場で行うことの大切さ

また、私がこれまで、イップスの研究を現場レベルで行い、実際に選手と向き合うなかで、強く感じたことは、『**イップス治療はスポーツ現場を離れずに行うことが、最も効果的である**』ということです。それには二つの大きな理由があります。

一つは、イップスは、『本来スポーツ現場で起こるものであるから』という理由です。多くのケースは、実際に初めてイップスが起こった場所は、グラウンドやコートなどのスポーツ現場です。部屋で寝転びながら、ゴミ箱にゴミを投げ入れようとして、肩を傷める人はいるかもしれませんが、その状況でイップスになるような人は、私は聞いたことがありません。つまり、イップスが起こる要因の多くは、グラウンドにあると考えられる以上、その要因のなかに身を置き、起こりやすい環境から離れないということが重要なポイントであると考えています。

そのためには、当然のことながら、グラウンドでイップスを治療する選手を受け入れる指導者や、チームメイトの理解や、治療しやすい雰囲気づくりが必要になります。イップスに悩む選手が、近年増えている現状のなか、この「受け入れ力《りょく》」すら、チーム力の一つと考えられるのかもしれません。

そして、グラウンドを離れずに治療を行うべきであると考えるもう一つの理由は、イップスが「改善した」と判断される定義の特徴にあります。イップスは、一体どの段階、どの状態で「治った」と判断されるのでしょうか？

それは、「イップスを起こしてしまう個々の選手がそれぞれ抱える**『イップスを起こし**

てしまう状況』で、イップスを起こすことなくプレーできたときである」と私は考えています。そして、そのイップスを起こす状況の多くは、グラウンドのなかにあります。つまり、治療院や（もちろん私の運営しているものを含め）、病院、その他の施設内で、「プレーができる、治った」と判断されても、それは果たしてどのような根拠によるものなのかと、私は疑問に思います。私の治療院にも、全国よりイップスの選手からの治療依頼を頂戴しております。その際は、まず治療院でカウンセリングとイップスの簡単な説明やエクササイズを行います。それ以降、治療自体は、実際にグラウンドに訪問をできない状況が多いため、その際には、動画を撮って送っていただく、動画指導という形式を主にとらせていただいております。満足にボールを投げたり、スイングしたりすることができない、かつ緊張してしまう先輩もいない治療院や施設で「治った」と判断をするには、その根拠があまりにも心許ないものになり、無責任にもなりかねません。試合などの特定の場面でのみイップスを起こしてしまう選手にとっては、なおさらです。実際に、そのように施設内での治療で「あなたは治りました」と言われはしたものの、スポーツ現場に戻るとまったく改善されておらず、試合で期待した状態からの反動のショックで、さらに悪化したというケースもあります。

そのため、試合の緊迫した場面でイップスが起こる選手、またはその選手のチームの指導者の方に「私は（あるいはあの選手は）イップスが治りましたか？」と、必ずと言ってよいほど聞かれますが、私は必ず「わかりません」とお答えさせていただいております。指導者の方には、起用には一度「ギャンブル」が伴うこともお伝えします。それが、イップス「完治」の判断の非常に難しいところです。しかしこれは、どんなにイップスの治療の研究が進んでも、なかなか解消されない部分なのではないかと、現時点で私は考えております。解消に向けて日々どのような経過をたどるのかということはグラウンドでしか確認できませんので、最終目標である試合でのプレーに向けて、常に指導者やチームメイトのいる環境で治療を行うことは、指導者にとって起用の大きな判断材料にもなります。

指導者、チームメイト、そしてご家族の方々にいたるまで、まずはイップスを改善していくことを、他の怪我を改善することと別物と捉えすぎず、選手本人が安心して治療プログラムに取り組めるような環境を整えることを切に願います。

コラム3

## 米国のイップス研究

イップスに関わる科学的な研究は、必ずしも数が多くありません。PubMedという医学系の論文検索エンジンで、"Yips"という検索語を用いて検索すると、出てくる論文はたったの19個です。これだけの数なので、それらの論文の抄録をすべて読んでみました。

まず、最初に出てくるイップス研究の論文は、1989年のロサンゼルスの神経内科グループのものです[文献1]。この論文では、イップスは、ゴルファーの局所的ジストニアであり、質問紙で調べるとゴルファーの28%がイップスの経験ありと回答するとしています。

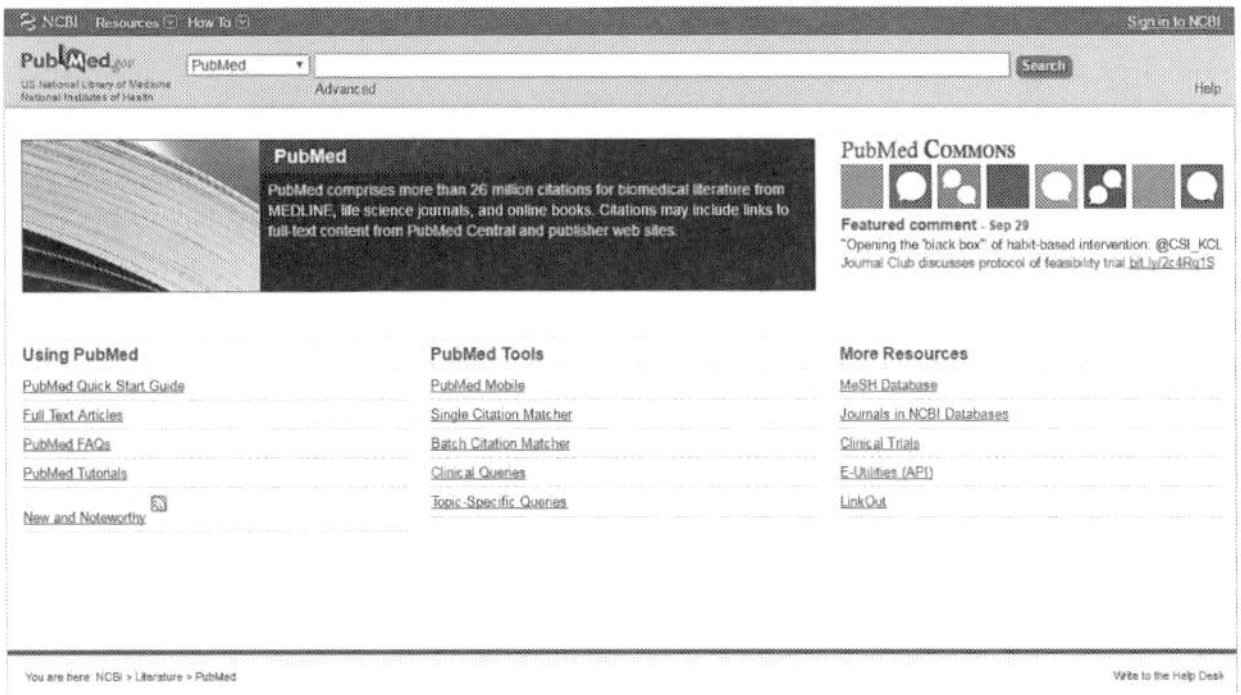


**インターネット上で自由に利用できる医学系論文検索エンジンPubMed**

この論文でもジストニアという言葉が出てきますが、これらの医学論文を見るとほぼすべてで、イップスとジストニアとの関連について議論がされています。ジストニアというのは「持続的な筋収縮を呈する症候群であり、しばしば捻転性・反復性の運動、または異常な姿勢をきたす」[文献2]とされています。さらにはこのジストニアという大きなカテゴリーのなかでも、「特発性ジストニア」「局所性ジストニア」「職業ジストニア」などとの関連が議論されています。

このようなジストニアは、精神的な不安、あるいは緊張しやすさだけによって起きてくるものではなく、何らかの神経学的な問題が背景にあると考えられています。これは、器質的（＝神経の構造に異常がある）というよりも、機能的（＝神経の働きがうまくいっていない）と考えるのが主流です。すなわち、そういった機能的な問題が背景にあり、これに不安が関与して出やすくなってくる[文献3]という考え方が一般的であるようです。

このようななかで、最も研究を活発に行っているのは米国のメイヨークリニックです。メイヨークリニックは、ミネソタ州ロチェスターに本部がある病院です。クリニックというと診療所を想像しますが、現在は巨大な総合病院として非常に高い医療を提供しています。ここからは、四つの論文が出版されています。しかしながら、2005年を最後に論文は出版されておらず、最近は研究があまり行われていないのかもしれません。

メイヨークリニックからの論文で特筆すべき点は二つあります。一つは、イップスがあることによって、18ホールで平均4・7〜4・9のストロークオーバーが生まれるということを示している点です[文献5、6]。もう一つは、イップスにはより器質性の要素の強い群（TypeⅠ）と、より心理的緊張による要素の強い群（TypeⅡ）が

コラム3

あるということをデータで示している点です。彼らは、TypeIをジストニア、TypeIIをチョーキングとも呼んでいます。このようなタイプの違いは、ニュージーランドのグループも論文で示しています［文献7］。

一方で、ドイツのケルン体育大学からは、最近三つの論文［文献8、9、10］が出版されています。ケルン体育大学のグループは、概してイップスは不安という心理的な要素の影響はさほど強くないと考えているようです。また、2015年の論文では、イップスの有病率は16・7〜22・4％で、ラケットスポーツをもともとやっていた人のほうが有病率が高いということを示しています。

治療については、別のコラムで薬物療法について示しましたが、行動療法も効果があるとされています［文献11］。この他に鍼治療でイップスが良くなったという論文もありました［文献12］。

いずれにしてもイップス研究はこれからさらに行われるべきもので、本書に書かれているような経験的な治療の蓄積がさらに理論化され、より多くのイップスで悩むアスリートの問題解決につながるとよいと思っています。

（内田　直）

## 文献


[1] McDaniel KD, Cummings JL, Shain S. The “yips”: a focal dystonia of golfers. Neurology. 1989; 30 (2Pt1): 192-5.

[2] 目崎高広。ジストニアの病態と治療。臨床神経 2011; 51: 465-70.

[3] Sachdev P. Golfer’s cramp: clinical characteristics and evidence against it being an anxiety disorder. Mov Disord. 1992; 7(4): 326-32.

[4] http://www.mayoclinic.org/diseases-conditions/yips/basics/definition/con-20031359/

[5] Smith AM, et al. A multidisciplinary study of the ‘yips’ phenomenon in golf. An exploratory analysis. Sports Med. 2000; 30(6): 423-37.

[6] Smith AM, et al. The 'yips' in golf. A continuum between a focal dystonia and choking. Sports Med. 2000; 33(1): 13-31.

[7] Stinear CM, et al. The yips in golf. Multimodal evidence for two subtypes. Med Sci Sports Exerc. 2006; 38(11): 1980-9.

[8] Klaempfl MK, Philippen PB, Lobinger BH. Self-report vs. kinematic screening test: prevalence, demographics, and sports biography of yips-affected golfers. J Sports Sci. 2015; 33(7): 655-64.

[9] Klaempfl MK, Lobinger BH, Raab M. Reinvestment - the cause of the yips? PLoS One. 2013; 8(12):

e82470.
[10] Klaempfl MK, Lobinger BH, Raab M. How to detect the yips in golf. Hum Mov Sci. 2013; 32(6): 1270-87.
[11] Bernstein CH, et al. Behavioural interventions for people living with adult-onset primary dystonia: a systematic review. BMC Neurol. 2016; 16: 40.
[12] Rosted P. Acupuncture for treatment of the yips? - a case report. Accupunct Med. 2005; 23: 188-9.

# 第4章

# ゴルフと野球のイップスは基本的に同じ

## 基本的には「イップスはイップス」

第1章で登場した久葉課長が、その日のゴルフのラウンドでイップスを起こしてしまった機序は、前述の野球のケースと同様のものであると考えられます。

肉離れや捻挫などのスポーツ傷害は、バスケットボールやサッカーなど発生する種目やその場面は違っても、起こり方、起こっている現象が同様であるのと同じです。

バスケットボールでレイアップシュートの着地の際、サッカーでヘディングでのジャンプの着地の際には、捻挫の発生リスクが高まります。それと同じ様に、野球で「ストライクが当然の投球をしっかりコントロールしなくてはいけない」、ゴルフで「決めて当たり前のパターを決めなくてはいけない」と自らが置かれた状況を認知した際に、イップスの発生リスクは高まると考えることができます。

イップスを治療する目的で来院した選手のなかには、「石原先生は野球のイップスの経験が多そうですけど、僕はバドミントンですが大丈夫ですか?」など、競技によってイップスは別物であると捉えている選手も少なくありません。しかし、肉離れを発症して、その治療を専門とする病院を訪ねたときに、バスケットボールでの肉離れと、サッカーでの肉離れに対して、病院がどのような対応をするかを想像していただけたらと思います。発症機序や、種目が違っても、踏むべき治療のプロセスは同じ、基本的には「イップスはイップス」であると考えましょう。

## ■イップスの分類

前章まで、野球を中心にイップスの説明をさせていただきましたが、イップスはもちろん野球以外の競技でも起こります（第1章末コラムも参照）。もともとゴルフのパターを打つ際に、「小刻みな震えや硬直の症状が起こり、その症状が、まるで仔犬の鳴き声（yips）のようだ」と名付けられたのが始まりと言われています。当然ゴルフでは、今もなおイップスに悩む人が数多くいると言われています。

それでは、野球とゴルフのイップスの原因や症状に違いはあるのでしょうか？

繰り返しになりますが、私はその原因や治し方に関しての考え方は、基本的には同じであると考えています。実際に、ゴルファーのイップスも、野球選手と同じようなプロセスで改善していくケースを見てきました。しかし、実際にイップスに悩んでいる選手にとって、まったく競技性の異なる野球とゴルフのイップスが同じであると言われても、ピンと来ないでしょう。そこで、ここでは野球とゴルフのイップスの違いとともに、さらにもう少し大きな枠組みでもイップスを分類していきたいと思います。

前章までで、イップスは「動きの自由度が高いなかで、自動化した運動に対して過剰な運動調節を加えてしまうこと」であるという説明をさせていただきました。このイップスの基本は、野球もゴルフもその他の競技も共通したものであると考えられています。

運動の指令は脳から出されますが、自動化された運動でさえも、絶えず微調整をされています。特にボールやクラブなど、道具を操る競技は、より精度の高い運動の調節が求められます。イップスの多くが、道具を操る競技で起こっていることを考えると、その道具にコンタクトしている部位には、イップス発生の原因の重要なポイントが隠されていると考えられます。それは「手」です。細かい動きや感覚に長けている手のひらや手指は、いわばその微調整の最終調整役のような部分です。その手のひらや手指で道具をコントロールする際には、道具の重量や位置など、動きのなかで起こる力学的な作用を感じ取り、非常に多くの情報を取り入れ、脳に伝えていますので、非常に敏感になりがちな部位でもあるのです（第2章末コラムも参照）。

ボールやダーツなどの道具が手から離れる。

この手のひらや手指のパフォーマンス時の状態から、イップスを競技間で分類してみましょう。

**①リリース型イップス**

一つ目のタイプは、『リリース型イップス』です。

リリース型イップスは『道具を手のひら、手指などに触れているもしくは把握している状態から、離れる際に起こるもの』と定義します。野球、ソフトボール、ダーツなどの送球動作が主に該当しますね。ボールなどの道具を手のひら、手指からリリースさせることに対して、過剰な運動調節がかかっ

ボールに一瞬触れる。

てしまうものであると捉えられます。

**②タッチ型イップス**

二つ目のタイプは、『タッチ型イップス』です。

このタッチ型イップスは、『手のひら、手指などが何にも触れていない、把握もしていない状態から、道具等に触れるために動き出し、触れる時間が比較的短いこと』と定義します。このタイプが、リリース型イップスと大きく異なる点は、動作の開始時に、手のひらや手指が「空いている」状態であるということです。主に、バレーボールのサーブや、ピアノの演奏などが該

クラブやラケットなどの道具を把握したまま動作を行う。

当するのではないかと考えられます。

こちらのタイプは、動かす身体部分と、触れる対象までの「軌道」に対して、何らかの誤った認知や過剰な運動調節がかかってしまっていることが、主な原因であると考えられます。

**③グリップ型イップス**

三つ目のタイプは、『グリップ型イップス』です。

このグリップ型イップスは、『手のひら、指などに触れているもしくは把握している道具を、別の道具を操作するために動かすもので、動作終了時も道具は手のひらや手指に触れているもしくは把握したままであるもの』であると定義します。
簡潔に申し上げますと、手のひらは最初から最後まで「空《から》にならない」ということになります。まさにこちらのタイプが、ゴルフに該当します。他にはテニスやバドミントン、卓球などのラケット競技なども該当しますね。

## ■ゴルフのイップスと野球のイップスの共通点

ゴルフでは、クラブを握った状態でイップスを起こしているために、一見すると野球の送球イップスと異なるように思われます。しかし、クラブを握ったときの重さや、クラブの先端がボールにヒットしたときの強弱や角度の感覚は、手のひらや指に伝わるため、握ったクラブはこの敏感な手のひらや指によって、体の一部のような状態になっているのではないかと考えることができます。

競技歴が長く、まるで自分の体の一部のようにクラブを操ることができるプレーヤーは、なおさらこの感覚が強いと考えられます。

つまり、野球はボールが体の末端から離れるときに、ゴルフも「体の一部のようになった道具の末端」からボールが離れるときに、イップスが起こる、という捉え方をすることができます。

ここで、野球とゴルフという競技の共通点を通して新たな発見があります。

それは、「与えられた時間の自由度の高さ」です。動きの自由度に続き、やはりイップスと自由度の高さは、切っても切り離せない関係であると言うことができると考えられます。具体的に説明すると、野球において、いわゆる典型的なイップスとしてあげられるケースが、送球に関してのイップスなのです。野球は、昨今試合時間の短縮を目的として、「投手は何秒以内に投球しなくてはいけない」などのルールはありますが、ボールをもってから自分のフォームで相手に送球ができます。投手をイメージしていただけたらわかりやすいかもしれません。アンダースロー、トルネード投法、ワインドアップ、セットポジションと、モーションに入るまでと入ってからの時間的な自由が与えられています。「ゴロをとって、ランナーをアウトにする野手は、急がなければいけないからイップスが起こりづらいのではないか？」というご意見もあるかと思いますが、面白いことに野手で報告の多いイップスのケースは、ゴロの処理の際、自分のタイミングで送球できるいわゆる「余裕をもったプレー」においてのことなのです。全力で捕球し、体勢を崩しながら、走りながらなど、動きながらの「いっぱいいっぱい」のプレーの際には、イップスは起こりづらい傾向にあります。つまり、「一回自分で呼吸を整えて、プレーのスタートのタイミングを自分で決めることができる」、そんな時間的な自由を与えられたときに、イップスは起こりやすいと言うことができるのではないかと考えています。

一方、ゴルフですが、まさに時間的自由が大きな種目の最たるものではないかと思います。アドレスに入るタイミング、ショットに入るタイミングなど、すべてが選手に委ねられています。

アドレスに入った時点で一度静止するため、動き出すタイミングは、当然ですが自ら決めなくてはなりません。

まとめると、イップスは「動きの流れを遮断された」際に、発生する頻度が高くなると考えることができます。

その傾向をよく表すとあるゴルファーの例があります。その方は、イップスとは無縁でゴルフを楽しんでいましたが、あるときゴルフのラウンド中、アイアンを握ってアドレスに入り、ショットを開始した直後に、一緒にラウンドしていた人がくしゃみをしたそうです。そのくしゃみに驚き、ショットを中断したらしいのです。再び仕切り直してアドレスに入ると、なんだか打ちづらい感覚がして、そのときはなんとかショットできたようですが、その後、徐々に、ショットのスタートからフォロースルーまでの一連の流れが乱れてしまい、イップスになってしまったとのことでした。

ゴルフで多くの選手が行っている「ルーティーン」という決まった一連の流れも、ショットという動作を流れのなかの一部として行いたい、という意味合いもあるのかもしれません。

## ■ゴルファーのイップスを治す

前項でお話しした通り、送球イップスもゴルフのイップスも、基本的に起きている症状は同じであると考えています。そのため、治し方の方針も、統一して行っています。

### ①ルーティーンをつくる

ゴルフという競技は、ショットの際、いつアドレスに入るのか、アドレスに入ってからどのタイミングでショットを開始するのかなど、プレーヤーに広い範囲で自由が与えられていることが特徴です。野球の野手の送球のように、可能な限り早く投げなければいけないということは求められていません。そのため、イップスを起こすか起こさないかに限らず、多くのゴルファーは「ルーティーン」を採用しています。ルーティーンは、英語で「routine」、直訳すると「決まりきった仕事、日々の作業」などの意味がありますが、スポーツ界では、「動作に入るまでの決まった動作」のような意味で使われています。

2015年のラグビーワールドカップで大活躍した日本代表の五郎丸歩選手も、このルーティーンを採用していることで話題になりましたので、「聞いたことがある」という方も少なくないのではないかと思います。五郎丸選手は、キックの際に、ボールをセットする所から「何回転させてから地面にセット」、そのあと何歩ボールから離れて、体のどこを何回どちら回しに動かし、どちらの足から踏み出して何歩でボールまで近づき、ボールを蹴るのかというところまで細かく決めてあるそうです。自分が最も「しっくり」くる動きのパターンを、どの環境でも状況でも行えるよう練習で繰り返し擦り込む。本番では、繰り返し身に付けた一連の動作を行うだけ。いわばキックはルーティーンの一部なのです。

スポーツは、試合会場や、置かれた状況など、「初めて」の経験が多いものです。経験のないものに対して、脳は慎重になり、また不安になりがちです。その対策として、「いつも通り」に行える動作をもっていることは、大きな安心材料になります。最も不安を感じる「動作そのもの」(ゴルフの場合はショット)を、決まったルーティーンの中に組み込んでしまう。言い替えれば、ルーティーンが始まった瞬間に、ショットも始まっていると言うこともできます。

競技の性質上、動作自体に特に高い再現性が求められるゴルフのような競技では、ルーティーンとの相性が非常に良いと言われています。

しかし、イップスを起こしてしまうプレーヤーの中には、実際にルーティーンを試していたり、もともとルーティーンを行っていたのに、ショットのときに一気に不安が高まり、体が思うように動かなくなったりしてしまう方もいらっしゃると思います。そのなかで、私が有効であると考えるルーティーンは、動作の決まりだけではなく、「リズム」の決まりをつくることです。イップスの多くは、「不安」から生まれます。もし環境が許すのであれば、声を出してリズムのなかでショットを打つことが効果的ではありますが、難しいようであれば、頭の中、もしくは「つぶやき」でも構いません。「タン・タン・ターン」でも、「チャー・シュー・メーン」とアドレスに入ってからリズムのなかでショットを打つことで、ショットの瞬間をリズムの一部とするのでも、アドレスに入る所から歩きながら、一定のリズムを刻むのでも構いません。とにかくショット自体を「一連のルーティー

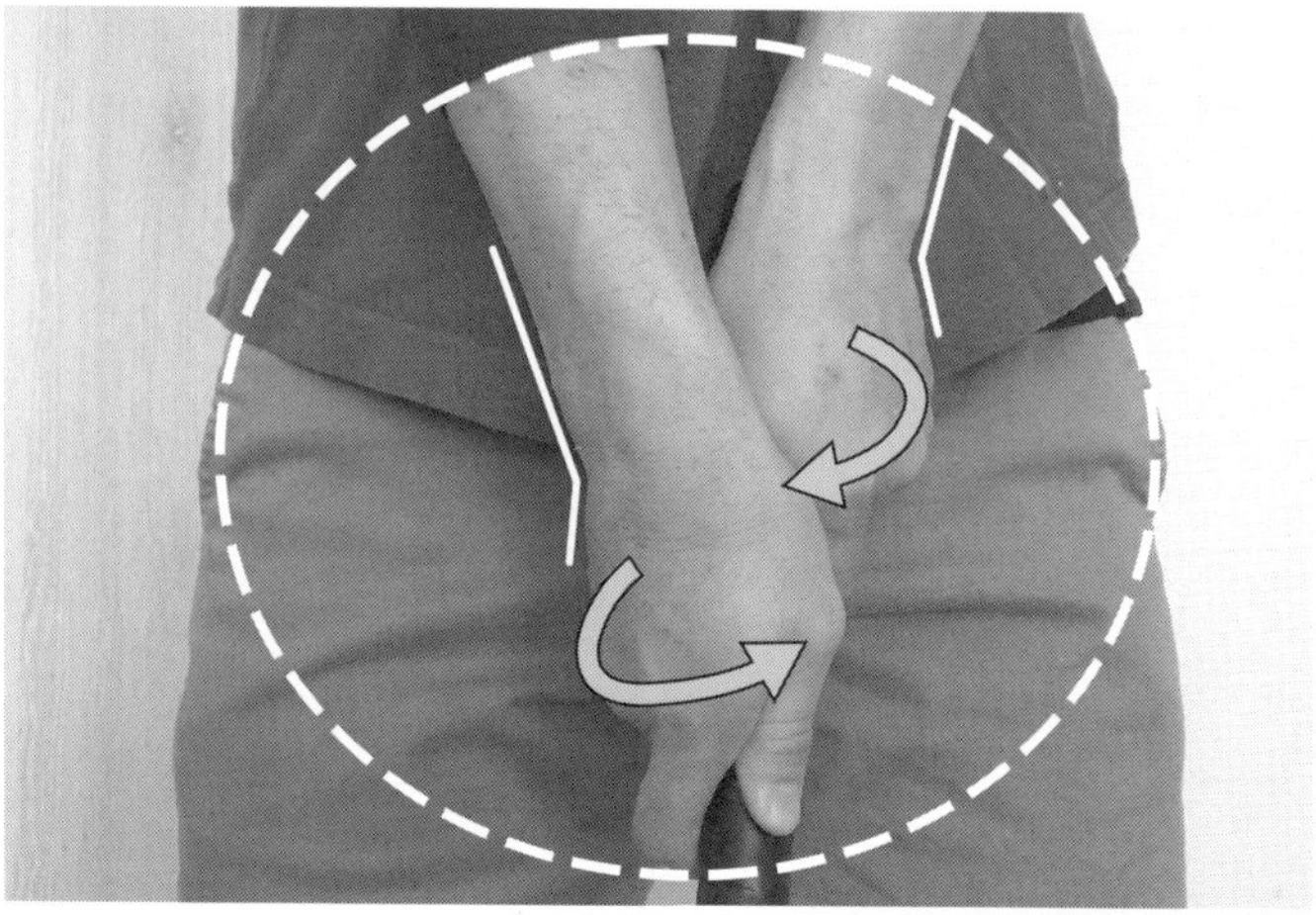

**矢印のように双方で内側に絞るように握ることで、指の動きも制限され、白色の線で示すように手首が手の甲側に折れて、手首の自由も制限される。点線で囲んだエリアの、イップスの症状が起こりやすい部分が運動しづらくなり、他の部位を使おうとすることを目的とした方法。**

ン」の一部として組み込むことが重要なのです。

### ②末梢部の動きを制限したグリップ

イップスの大半は、体の末梢部の細かい筋肉が思い通りに動いてくれないことで起こります。緊張してドキドキして、肩がブルブル震えてしまうという話はあまり聞きません。そこで、「悪さをする」末梢部の自由を奪うというのが、このエクササイズの目的になります。これは、ショットの特性上、主にパターのイップスに有効ですが、考え方自体は他の場面、ショットでも有効です。

ちなみに、実際にとあるプロゴルファーの方に取り組んでいただき、ご本人から大変効果的であったというご意見をいただいたのが、このグリップ方法です（右ページ写真）。

可能な限り手首を手の甲側に折り曲げ（手関節伸展）、グリップを絞るように握ります。すると、指、手首、前腕の動きが不自由に感じられるかと思います。この「窮屈さ」が、イップスを起こしづらい部位、「体幹部」での動作を「仕方がなく」生み出してくれるのです。このように動きづらかったり、痛みなどのために動かしたくない場所をかばって別の場所を使って同じような動作を行うことを「代償動作」と呼びます。これは本来、スポーツや身体運動においては、「肩甲骨を傷めているため、『代償動作』が生まれてしまっている」などのように、マイナスの意味で使われることが多いです。イップスは、本来動かすべきではない場所が、過剰にまたは誤って運動してしまっている傾向があるため、あえて動かすべきでない場所の動きを制限し、本来動いて欲しい場所の代償動作を引き出すということが、このエクササイズの目的となります。

### ③グリップの太さを変化させた練習を行う

前の章で、ボールの大きさを変化させながら、野球のイップスを改善していくことを説

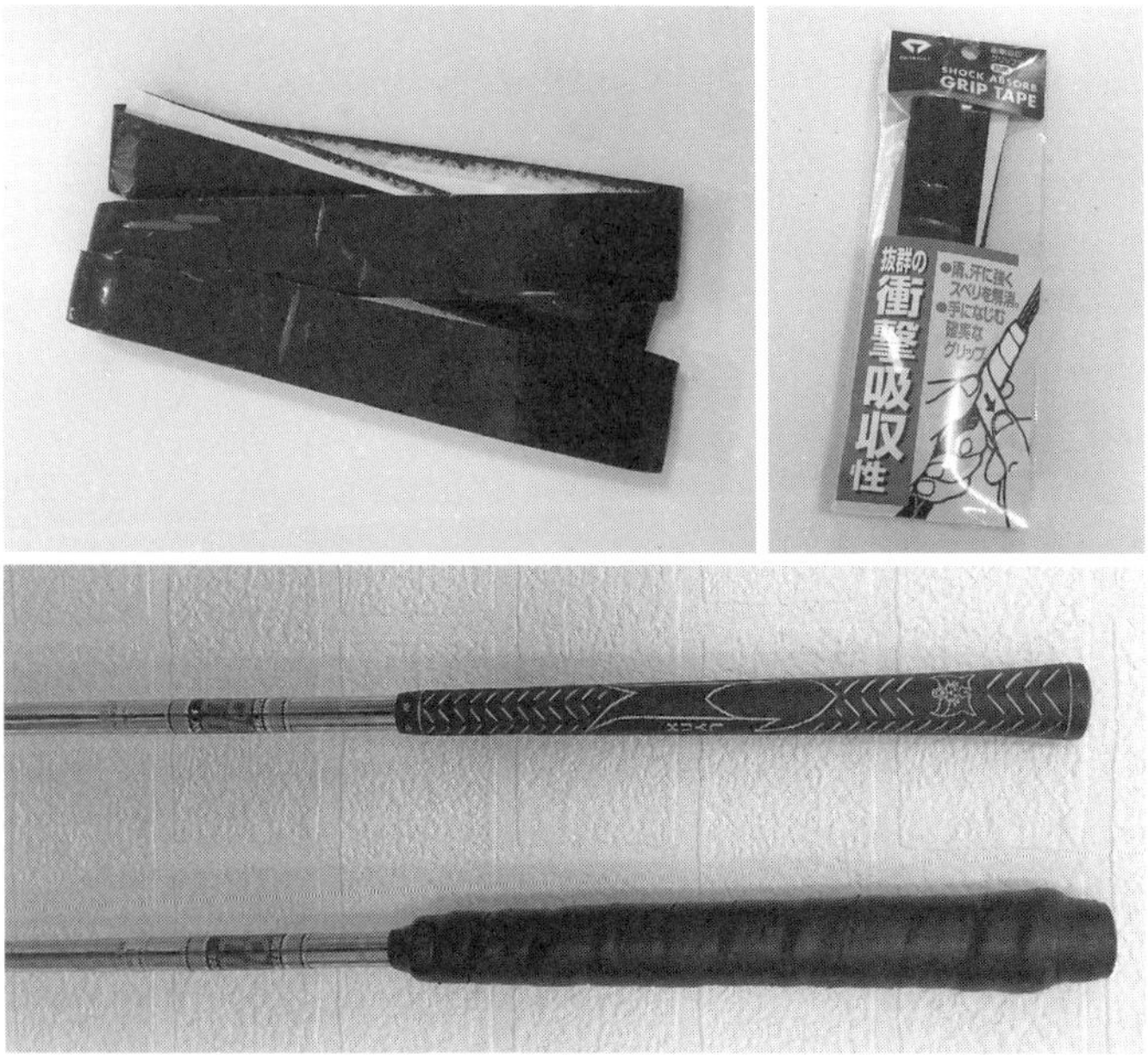


グリップテープを利用して、クラブのグリップを太く加工する。

明させていただきました。「グリップ型イップス」に分類されるゴルフの場合も、同じような方法で改善の方向に向かうことが期待できます。

使わなくなったクラブなどを、イップス改善エクササイズ用にご用意下さい。

まずは、クラブのグリップを太く加工します。最も簡単にできるのは、何重にもグリップテープを巻く方法です。巻きながら、ご自身で実際に打ったり、スイングしたりしながら、イップスが起きてしまうショットで使用している本来のクラブを握った感覚との違いを確かめてみましょう。感覚に何らかの違いはあると思います。送球イップスの改善エクササイズで、大きいボールで「送球の成功体験」を重ねたあとに、ボールを本来の使用球に移行していくのと同じように、グリップ型イップスでも、グリップの太さを本来のものに近づけていきます。

太いグリップでショットを打つことにより成功体験を重ねることで、打つこと自体に対する不安が解消されて、次のステップで本来のグリップに移行し、改善するケースも多くみられます。しかし、グリップが細くなることで、不安を感じる方もいますので、そんな場合には、太いグリップの次のステップとして、本来のクラブよりも細いグリップで行うことをおすすめします。ゴルフのクラブや、同じグリップ型イップスに分類されるテニス、バドミントンなどは、「グリップを細くする」ということが物理的に難しいです。そこで、巻いてあるグリップテープを剥がしたり、少し石灰をつけて滑りやすくして、握ることに不安を感じさせたりという工夫をして、実際のグリップよりも不安な状況をつくり出します。この「あえて」つくり出した不安な感覚のあとに、本来使用するクラブのグリップを握ることで、相対的に安心感を感じることができるかと思います。

ゴルフは、体の使い方の少しのズレが大きなショットのミスを招くため、失敗に対する不安が強く出てしまいがちです。コースに出ると、あの広い空間のなかで、拳《こぶし》くらいの大きさのホールを目指していくわけですから、慎重になります。年齢を重ねても、スコアを落とすことなく、むしろ上達することができる数少ないスポーツでもあります。つまり、筋肉量や神経系の働きなどに依存する部分が少なく、「感覚」や「経験」が大きく結果を左右する部分が大きいのです。

ゴルフの試合の現場では、前日練習などで、ゴルファーたちがそれぞれユニークな練習をしているのが目につきます。グリーンにボールを置いたり、クラブを寝かせてそれを目印にショットを繰り返したり、そのバリエーションや意図は選手によって様々です。

ここで紹介させていただいたイップスの改善プログラムも、あまり考えすぎず、それらを「ゴルフが上手くなるための練習」のつもりで取り組んでみて下さい。イップスを起こしてしまう方は、とくにその期間が長く続いている場合、一つ一つの取り組みに対して、「どうせ治らないだろう」というネガティブなモチベーションで臨んでしまうことが少なくありません。そのモチベーションは、間違いなくイップスの改善を邪魔する一つの要因になります。

コラム4

## イップスの薬物療法

イップスに対して、薬物療法は効果があるでしょうか。これについて、少し考えてみたいと思います。

イップスは、第3章末のコラムでも述べましたように、実際の医療現場での臨床的に言うと「特発性ジストニア」という状態に似ています。書痙《しょけい》などもこれに含まれると考えられています。書痙は、字を書くときに手が震えてしまって、まともに字が書けない状態を言います。この症状は、特に人前で字を書くときに出現します。また、人と一緒に食事をするときに、お箸をもつ手が震えてしまうということもあります。

私がこれまで経験した患者さんでも、例えばデパートで贈答品を送る際に、住所などを係の人の前で書くというような場面が非常に苦手だという人がほとんどです。一緒

**書痙。特に人前で字を書くときに手が震えてしまって、まともに書けない。**

に子どもに行ってもらって、その場では代わりに書いてもらうという人もいました。

さて、このような人の治療には、いわゆる精神療法に加えて薬物療法も行われます。パーキンソン病の治療にも用いられる震えを抑える薬（例：トリフェキシフェニジール）や、いわゆる抗不安薬に分類される薬物（例：ジアゼパム、クロチアゾラム、エチゾラムなど）が用いられることもあります。また、時にはうつ病にも用いられるセロトニンの働きを高めるＳＳＲＩと呼ばれる種類の薬物（例：フルボキサミン、パロキセチン、セルトラリン、エスシタロプラムなど）が使われることもあります。また、アセチルコリンの分泌を抑制するボツリヌス毒を用いて症状が改善したという報告もあります。さらに、漢方薬を用いることもあります。

これらはドーピング違反になる薬物ではありませんが、副作用などもあるので、薬物療法は専門医のアドバイスのもとで行わなければいけません。また、このようなイップスあるいは書痙に対する薬物療法は必ずしも確立したものでないので、慎重に用いていくことも大切です。

（内田　直）

6 イップスが起こりそうなとき、または起きてしまうとき、どんな気持ちや心の状態でいますか？

7 イップスが起こるとき、特定の状況はありますか？
はい・いいえ
(「はい」の場合、特定の人物、特定の距離、特定の場面など、できるだけ詳しく。)

8 周囲の人たちに、イップスであることを打ち明けていますか？
はい・いいえ
(「はい」の場合誰に打ち明けているのか、「いいえ」の場合なぜ打ち明けないのかもご記入下さい)

9 その他、あなたのイップスの症状をできるだけ詳しく記載して下さい。

他に何かありましたらご自由にご記入下さい。

Yips Research Sheet　No.______

記入日______年______月______日　氏名________________

生年月日　西暦______年______月______日

所属（チーム、学校など）________________

競技歴（複数可）※現在も継続中のものを、左の□にチェックを入れて下さい。

□ 種目__________いつから__________いつまで__________最高成績__________

□ 種目__________いつから__________いつまで__________最高成績__________

□ 種目__________いつから__________いつまで__________最高成績__________

□ 種目__________いつから__________いつまで__________最高成績__________

□ 種目__________いつから__________いつまで__________最高成績__________

1 「イップス」という言葉を、どのように知りましたか？

2 イップスになったと思われるきっかけは、いつ頃起きましたか？

3 2でお答え頂いた時期から現在まで、症状に変化はありましたか？また、もし症状の改善のために行った対策がありましたら、その効果と共にご記入下さい。

4 イップスになったと思われるきっかけになった状況をできるだけ詳しく書いて下さい。

5 イップスが起こるとき、身体のどこかに、いつもと違う症状がありますか？　どんなに細かいことでも構いませんのでご記入下さい。

## ■監修者略歴

**内田　直**（うちだ　すなお）

1956年東京都生まれ。1983年滋賀医科大学卒業。東京医科歯科大学・医員、カリフォルニア大学ディビス校・客員研究員、東京都精神医学研究所睡眠障害研究部門・部門長などを経て、現在、早稲田大学スポーツ科学学術院・教授。医学博士。日本スポーツ精神医学会・理事長。日本体育協会認定スポーツドクター。すなおクリニック（さいたま市）院長。

著書として、『スポーツカウンセリング入門』『好きになる睡眠医学 第2版』（講談社サイエンティフィク）、『安眠の科学』（日刊工業新聞社）ほか。

## ■著者略歴

**石原　心**（いしはら　しん）

1982年群馬県生まれ。2007年早稲田大学スポーツ科学部卒業。現在、ハバナトレーナーズルーム恵比寿・代表。鍼灸師、あん摩マッサージ指圧師、日本トレーニング指導者協会公認トレーニング指導者（JATI-ATI）。

トレーナーとして、数多くのアスリートのトレーニング、コンディショニングをサポートする他、アスリートのフィジカルコンプレックスをなくすことを目指し、キューバスポーツ研究、イップス研究を行っている。また、柔道グランドスラム・キューバ代表サポート（2011年〜）、ワールドベースボールクラシック2013・キューバ代表サポートなどの活動を行っている。

イップス――スポーツ選手《せんしゅ》を悩《なや》ます謎《なぞ》の症状《しょうじょう》に挑《いど》む



NDC780／xiv, 128p／19cm

初版第一刷――二〇一七年二月二十日

監修者――内田《うちだ》 直《すなお》
著者――石原《いしはら》 心《しん》
発行者――鈴木一行
発行所――株式会社 大修館書店
〒一一三-八五四一 東京都文京区湯島二-一-一
電話03-3868-2651(販売部)
03-3868-2299(編集部)
振替00190-7-40504
[出版情報]http://www.taishukan.co.jp

装丁者――萩原 誠
組版――有限会社 秋葉正紀事務所
イラスト――ニューロック木綿子
印刷所――三松堂
製本所――三水舎

ISBN978-4-469-26812-6 Printed in Japan